DE L'UNIVERSALITÉ DE LA LANGUE FRANÇAISE.

DE L'UNIVERSALITÉ DE LA LANGUE FRANÇAISE;

DISCOURS

QUI A REMPORTÉ LE PRIX A L'ACADÉMIE DE BERLIN en 1784.

Tu regere *Eloquio* Populos, ô *Galle*, memento.

SECONDE ÉDITION.

par M. de Rivarol.

A BERLIN,

Et se trouve à PARIS,

Chez { PRAULT, Imprimeur du Roi, quai des Augustins, à l'Immortalité.
BAILLY, Libraire, rue Saint-Honoré, vis à vis la barriere des Sergens.

1785.

On sent combien il est heureux pour la France, que la Question sur l'*Universalité de sa Langue* ait été faite par des Étrangers; elle n'auroit pu, sans quelque pudeur, se la proposer elle-même.

DE L'UNIVERSALITÉ DE LA LANGUE FRANÇAISE.

Qu'est-ce qui a rendu la langue française universelle ?

Pourquoi mérite-t-elle cette prérogative ?

Est-il à présumer qu'elle la conserve ?

Une telle question proposée sur la langue latine, auroit flatté l'orgueil de Rome, et son histoire l'eût consacrée comme une de ses belles époques : jamais en effet pareil hommage ne fut rendu à un peuple plus poli, par une nation plus éclairée.

Le tems semble être venu de dire

le *monde français*, comme autrefois le *monde romain*; et la philosophie, lasse de voir les hommes toujours divisés par des maîtres qui ont tant d'intérêt à les isoler, se réjouit maintenant de les voir, d'un bout de la terre à l'autre, se former en république sous la domination d'une même langue. Spectacle digne d'elle, que cet uniforme et paisible empire des lettres qui s'étend sur la variété des peuples, et qui, plus durable et plus fort que celui des armes, s'accroît également des fruits de la paix et des ravages de la guerre!

Mais cette honorable universalité de la langue française, si bien reconnue et si hautement avouée dans notre Europe, offre pourtant un grand problême; parce qu'elle tient à des causes si délicates et si puissantes à la fois, que pour les démêler, il s'agit de montrer jusqu'à quel point la position de la France, sa constitution politique, la nature de son climat, le génie de sa langue et de ses écrivains, le caractere de ses habitans et l'opinion qu'elle a su donner d'elle au reste du monde; jusqu'à quel point, dis-je, tant de causes diverses ont pu combiner leurs influences et s'unir, pour faire à cette langue une fortune si prodigieuse.

Quand les romains conquirent les Gaules, leur séjour & leurs loix y donnerent d'abord la prééminence à la langue latine; & quand les Francs leur succèderent, la religion chrétienne, qui jettoit ses fondemens dans ceux de la monarchie, confirma cette prééminence. On parla latin à la cour, dans les cloîtres, dans les tribunaux, & dans les écoles: mais les jargons que parloit le peuple corrompirent peu-àpeu cette latinité, et en furent corrompus à leur tour. De ce mélange naquit cette multitude de patois qui vivent encore dans nos provinces. L'un d'eux devoit être un jour la langue françaiſe.

Il ſeroit difficile d'aſſigner le moment où ces différens dialectes se dégagerent du celte, du latin et de l'allemand : on voit seulement qu'ils ont dû se disputer la souveraineté, dans un royaume que le systême féodal avoit divisé en tant de petits royaumes. Pour hâter notre marche, il suffira de dire que la France, naturellement partagée par la Loire, eut deux patois, auxquels on peut rapporter tous les autres, le *picard* et le *provençal*. Des princes s'exercerent dans l'un et l'autre, et c'est aussi dans l'un et l'autre que furent d'abord écrits les romans de chevalerie et les petits poëmes du tems.

Du côté du midi florissoient les *troubadours*, et du côté du nord les *trouveurs*. Ces deux mots, qui au fond n'en sont qu'un, expriment assez bien la physionomie des deux langues.

Si le provençal, qui n'a que des sons pleins, eût prévalu, il auroit donné au français l'éclat de l'espagnol et de l'italien; mais le midi de la France, toujours sans capitale et sans roi, ne put soutenir la concurrence du nord, et l'influence du patois picard s'accrut avec celle de la couronne. C'est donc le génie clair et méthodique de ce jargon et sa prononciation un peu sourde, qui domine aujourd'hui dans la langue française.

Mais quoique cette nouvelle langue eût été adoptée par la cour et la nation, et que dès l'an 1260, un auteur italien lui eût trouvé assez de charmes pour la préférer à la sienne, cependant l'église, l'université et les parlemens la repousserent encore, et ce n'est que dans le seizieme siécle qu'on lui accorda solemnellement les honneurs dûs à une langue légitimée.

A cette époque, la renaissance des lettres, la découverte de l'Amérique et du passage aux Indes, l'invention de la poudre et de l'imprimerie, ont donné une autre face aux empires. Ceux qui brilloient se sont tout-à-coup obscurcis : et d'autres sortant de leur obscurité, sont venus figurer à leur tour sur la scène du monde. Si du nord au midi le voile de la religion s'est déchiré, un commerce immense a jetté de nouveaux liens parmi les hommes. C'est avec les sujets de l'Afrique que nous cultivons l'Amérique, et c'est avec les richesses de l'Amérique que nous trafiquons en Asie. L'univers n'offrit jamais un tel spectacle. L'Europe surtout est parvenue à un si haut degré de puissance, que l'histoire n'a rien à lui comparer : le nombre des capitales, la fréquence et la célérité des expéditions, les communications publiques et particulieres, en ont fait une immense république, et l'ont forcée à se décider sur le choix d'une langue.

Ce choix ne pouvoit tomber sur l'allemand ; car vers la fin du quinzieme siecle, et dans tout le seizieme, cette langue n'offroit pas un seul monument. Négligée par le peuple qui la parloit, elle cédoit toujours le pas à la langue latine. Comment donc faire adopter aux autres ce qu'on n'ose adopter soi-même ? C'est des Allemands que l'Europe apprit à négliger la langue allemande. Observons aussi que l'Empire n'a pas joué le rôle auquel son étendue et sa population l'appelloient naturellement : ce vaste corps n'eut jamais un chef qui lui fût proportionné ; et dans tous les tems cette ombre du trône des Césars, qu'on affectoit de montrer aux nations, ne fut en effet qu'une ombre. Or, on ne sauroit croire combien une langue emprunte d'éclat du prince et du peuple qui la parlent. Et lorsqu'enfin la maison d'Autriche, fiere de toutes ses couronnes, est venue faire craindre à l'Europe une monarchie universelle, la politique s'est encore opposée à la fortune de la langue tudesque. Charles-Quint, plus attaché à son sceptre héréditaire qu'à un trône où son fils ne pouvoit monter, fit rejaillir l'éclat des Césars sur la nation espagnole.

A tant d'obstacles tirés de la situation de l'Empire, on peut en ajouter d'autres fondés sur la nature même de la langue allemande : elle est trop riche et trop dure à la fois. N'ayant aucun rapport avec les langues anciennes, elle fut pour l'Europe une langue-mere, et son abondance effraya des têtes déjà fatiguées de l'étude du latin et du grec. En effet un Allemand qui apprend la langue française ne fait pour ainsi dire qu'y descendre, conduit par la langue latine; mais rien ne peut nous faire remonter du français à l'allemand : il faut pour lui seul se créer une nouvelle mémoire, et sa littérature, il y a un siecle, ne valoit pas un tel effort. D'ailleurs, sa prononciation gutturale choqua trop l'oreille des peuples du midi; et les imprimeurs allemands, fideles à l'écriture gothique, rebuterent des yeux accoutumés aux caracteres romains. On peut donc établir pour régle générale, que si l'homme du nord est appellé à l'étude des langues meridionales, il faut des longues guerres dans l'Empire pour faire surmonter aux peuples du midi leur répugnance pour les langues septentrionales. Le genre-humain est comme un fleuve qui coule du nord au midi, rien ne peut le faire rebrousser contre sa source; et voilà pourquoi l'universalité de la langue françaises est moins rigoureusement vraîe pour l'Espagne et pour l'Italie que pour le reste de l'Europe. Il reste à savoir jusqu'à quel point la révolution qui s'opere aujourd'hui dans la littérature des Germains, influera sur la réputation de leur langue. On peut seulement présumer qu'elle s est faite un peu tard, et que leurs écrivains ont repris les choses de trop haut. Des poëmes tirés de la bible, où tout respire un air patriarcal, et qui annoncent des mœurs admirables, n'auront de charmes que pour une nation simple et sédentaire, toujours sans ports et sans commerce, et qui ne sera peut-être jamais réunie sous un même chef. L'Allemagne offrira long-tems le spectacle d'un peuple antique et modeste, gouverné par des princes amoureux des modes et du langage d'une nation polie et corrompue. D'où il suit que l'accueil extraordinaire que ces princes et leurs académies ont fait à un idiome étranger, est un obstacle de plus qu'ils opposent à leur langue, et comme une exclusion qu'ils lui donnent.

La monarchie espagnole pouvoit, ce semble, fixer le choix de l'Europe. Toute brillante de l'or de l'Amérique, puissante dans l'Empire, maîtresse des Pays-Bas et d'une partie de l'Italie, les malheurs de François premier lui donnoient un nouveau lustre, et ses espérances s'accroissoient encore des troubles de la France et du mariage de Philippe II avec la reine d'Angleterre. Tant de grandeur ne fut qu'un éclair. L'expulsion des Maures et les émigrations en Amérique, avoient blessé l'état dans son principe, et ces deux grandes plaies ne tarderent pas à paroître. Aussi, quand Richelieu frappa le vieux colosse, il ne put résister à la France, qui s'étoit comme rajeunie dans les guerres civiles : ses armées plierent de tout côté, sa réputation s'éclipsa. Peut-être que sa décadence eût été moins prompte, si sa littérature avoit pu alimenter cette avide curiosité des esprits, qui se réveilloit de toute part : mais le castillan, substitué par-tout au patois catalan, comme notre picard l'avoit été au provençal; le castillan, dis-je, n'avoit point cette galanterie moresque, dont l'Europe fut si long-tems charmée, et le génie national étoit devenu plus sombre. Il est vrai que la folie des chevaliers-errants nous valut le Dom-Quichotte, et que l'Espagne acquit un théatre : mais le génie de Cervantes et celui de Lopès de Véga ne suffisoient pas à nos besoins. Le premier, d'abord traduit, ne perdit point à l'être; le second, moins parfait, fut bientôt imité et surpassé. On s'apperçut donc que la magnificence de la langue espagnole et l'orgueil national cachoient une pauvreté réelle. L'Espagne, placée entre la source de la richesse et les canaux qui l'absorbent, en eut toujours moins : elle paya ceux qui commerçoient pour elle, sans songer qu'il faut toujours les payer davantage. Grave, peu communicative, subjuguée par des prêtres, elle fut pour l'Europe ce qu'étoit autrefois la mystérieuse Égypte, dédaignant des voisins qu'elle enrichissoit, et s'enveloppant du manteau de cet orgueil politique qui a fait tous ses maux.

On peut dire que sa position fut un autre obstacle au progrès de sa langue. Le voyageur qui la visite y trouve encore les colonnes d'Hercule, et doit toujours revenir sur ses pas : aussi l'Espagne est-elle, de tous les royaumes, celui qui doit le plus difficilement réparer ses pertes, lorsqu'il est une fois dépeuplé.

Enfin la langue espagnole ne pouvoit devenir la langue usuelle de l'Europe. La majesté de sa prononciation invite à l'enflure, et la simplicité de la pensée se perd dans la longueur des mots et sous la noblesse des désinences. On est tenté de croire qu'en espagnol la conversation n'a plus de familiarités, l'amitié plus d'épanchemens, le commerce de la vie plus de liberté, et que l'amour y est toujours un culte. Charles-Quint lui-même, qui parloit plusieurs langues, réservoit l'espagnol pour des jours de solemnité et pour ses prieres. En effet, les livres ascétiques y sont admirables, et il semble que le commerce de l'homme à Dieu se fasse mieux en espagnol qu'en tout autre idiome. Les proverbes y ont aussi de la réputation, parce qu'étant le fruit de l'expérience de tous les peuples, et comme le bon sens de tous les siecles réduit en formules, l'espagnol leur prête encore une tournure plus sententieuse : mais les proverbes ne quittent pas les lèvres du petit peuple. Il paroît donc évident que ce sont et les défauts et les avantages de la langue espagnole, qui l'ont exclue à la fois de l'universalité.

Mais comment l'Italie ne donna-t-elle pas sa langue à l'Europe? Centre du monde depuis tant de siecles, on étoit accoutumé à son empire et à ses loix. Aux Césars qu'elle n'avoit plus, avoient succédé les pontifes, et la religion lui rendoit constamment les états que lui arrachoit le sort des armes. Les seules routes praticables en Europe conduisoient à Rome; elle seule attiroit les vœux et l'argent de tous les peuples, parce qu'au milieu des ombres épaisses qui couvroient l'occident, il y eut toujours dans cette capitale une masse d'esprit et de lumieres: et quand les beaux-arts, exilés de Constantinople, se réfugierent dans nos climats, l'Italie se réveilla la premiere à leur approche, et fut une seconde fois la Grande-Grèce. Comment s'est-il donc fait qu'à tous ses titres elle n'ait pas ajouté l'empire du langage?

C'est que dans tous les tems les papes ne parlerent et n'ecrivirent qu'en latin : c'est que pendant vingt siecles cette langue régna dans les républiques, dans les cours, dans les écrits et dans les monumens de l'Italie, et que le toscan fut toujours appellé la *langue vulgaire*. Aussi quand le Dante entreprit d'illustrer cette langue, hésita-t-il long-tems entr'elle et le latin. Il voyoit que le toscan n'avoit pas, même dans le midi de l'Europe, l'éclat et la vogue du provençal, et il pensoit, avec son siecle, que l'immortalité étoit exclusivement attachée à la langue latine. Petrarque et Bocace eurent les mêmes craintes; et, comme le Dante, ils ne purent résister à la tentation d'écrire la plupart de leurs ouvrages en latin. Il est arrivé pourtant le contraire de ce qu'ils espéroient : c'est dans leur langue maternelle que leur nom vit encore; leurs œuvres latines sont dans l'oubli. Mais sans les sublimes conceptions de ces trois grands-hommes, il est à présumer que le patois des Troubadours auroit disputé le pas à la langue italienne, au milieu même de la cour pontificale établie en Provence.

Quoi qu'il en soit, les poëmes du Dante et de Petrarque, brillans de beautés antiques et modernes, ayant fixé l'admiration de l'Europe, la langue toscane acquit de l'empire. A cette époque, le commerce de l'ancien monde passoit tout entier par les mains de l'Italie : Pise, Florence, et surtout Venise et Gênes, étoient les seules villes opulentes de l'Europe. C'est d'elles qu'il fallut, au tems des croisades, emprunter des vaisseaux pour passer en Asie, et c'est d'elles que les barons français, anglais et allemands, tiroient le peu de luxe qu'ils avoient. La langue toscane régna sur toute la Méditerranée. Enfin, le beau siecle des Médicis arriva : Machiavel débrouilla le cahos de la politique, et Galilée sema les germes de cette philosophie, qui n'a porté des fruits que pour la France et le nord de l'Europe. La sculpture et la peinture prodiguoient leurs miracles, et l'architecture marchoit d'un pas égal. Rome se décora de chefs-d'œuvres sans nombre, et l'Arioste et le Tasse porterent bientôt la plus douce des langues à sa plus haute perfection dans des poëmes, qui seront toujours les premiers monumens de l'Italie et le charme de tous les hommes. Qui pouvoit donc arrêter la domination d'une telle langue ?

D'abord une cause tirée de l'ordre même des événemens : cette maturité fut trop précoce. L'Espagne, toute politique et guerriere, ignora l'existence du Tasse et de l'Arioste : l'Angleterre, théologique et barbare, n'avoit pas un livre, et la France se débattoit dans les horreurs de la Ligue. L'Europe n'étoit pas prête, et n'avoit pas encore senti le besoin d'une langue universelle.

Une foule d'autres causes se présente. Quand la Grèce étoit un monde, dit fort bien Montesquieu, ses plus petites villes étoient des nations : mais ceci ne put jamais s'appliquer à l'Italie dans le même sens. La Grèce donna des loix aux barbares qui l'environnoient, et l'Italie qui ne sut jamais, à son exemple, se former en république fédérative, fut tour-à-tour envahie par les Allemands, par les Espagnols et par les Français. Son heureuse position et sa marine auroient pu la soutenir et l'enrichir ; mais dès qu'on eut doublé le cap de Bonne-espérance, l'océan reprit ses droits, et le commerce des Indes ayant passé tout entier aux Portugais, l'Italie ne se trouva plus que dans un coin de l'univers. Privée de l'éclat des armes et des ressources du commerce, il ne lui restoit que sa langue et ses chefs-d'œuvres: mais par une fatalité singuliere, le bon goût se perdit en Italie au moment où il se réveilloit en France. Le siécle des Corneille, des Pascal et des Moliere, fut celui d'un Cavalier Marin, d'un Achillini et d'une foule d'auteurs plus méprisables encore. De sorte que si l'Italie avoit d'abord conduit la France, il fallut ensuite que la France ramenât l'Italie.

Cependant l'éclat du nom Français augmentoit, l'Angleterre se mettoit sur les rangs, et l'Italie se dégradoit de plus en plus. On sentit généralement qu'un pays qui fournissoit des baladins à toute l'Europe, ne donneroit jamais assez de considération à sa langue. On observa que l'Italie, n'ayant pu, comme la Grèce, ennoblir ses différens dialectes, elle s'en étoit trop occupée. A cet égard, la constitution de la France paroît plus heureuse : les patois y sont abandonnés aux provinces, et c'est sur eux que le petit peuple exerce ses caprices, tandis que la langue nationale est hors de ses atteintes.

Enfin le caractere même de la langue

italienne fut ce qui l'écarta le plus de cette universalité qu'obtient chaque jour la langue française. On sait quelle distance sépare en Italie la poésie de la prose : mais ce qui doit étonner, c'est que le vers y ait réellement plus de dureté, ou pour mieux dire moins de mignardise que la prose. Les loix de la mesure et de l'harmonie ont forcé le poète à tronquer les mots, et par ces syncopes fréquentes, il s'est fait une langue à part, qui, outre la hardiesse des inversions, a une marche plus rapide et plus ferme. Mais la prose, composée de mots dont toutes les lettres se prononcent, et roulant toujours sur des sons pleins, se traîne avec trop de lenteur ; son éclat est monotone, l'oreille se lasse de sa douceur, et la langue de sa mollesse : ce qui peut venir de ce que chaque mot étant harmonieux en particulier, l'harmonie du tout ne vaut rien. La pensée la plus vigoureuse se détrempe dans la prose italienne. Elle est souvent ridicule et presqu'insupportable dans une bouche virile, parce qu'elle ôte à l'homme ce caractere d'austérité qui doit en être inséparable. Comme la langue allemande, elle a des formes cérémonieuses, ennemies de la conversation, et qui ne donnent pas assez bonne opinion de l'espece humaine. On y est toujours dans la fâcheuse alternative d'ennuyer ou d'insulter un homme. Enfin il paroît difficile d'être naïf dans cette langue, et la plus simple assertion y a besoin d'être renforcée du serment. Tels sont les inconvéniens de la prose italienne, d'ailleurs si riche et si flexible. Or, c'est la prose qui donne l'empire à une langue, parce qu'elle est

toute

toute usuelle ; la poésie n'est qu'un objet de luxe.

Malgré tout cela, on sent bien que la patrie de Raphaël, de Michel-Ange et du Tasse, ne sera jamais sans honneurs. C'est dans ce climat fortuné que la plus mélodieuse des langues s'est unie à la musique des anges, et cette alliance leur assure un empire éternel. C'est-là que les chefs-d'œuvres antiques et modernes et la beauté du ciel, attirent le voyageur, et que l'affinité des langues toscane et latine le fait passer avec transport de l'Énéïde à la Jérusalem. L'Italie, environnée de puissances qui l'humilient, a toujours droit de les charmer ; et sans doute que si les littératures anglaise et française n'avoient écrasé la sienne, l'Europe auroit encore accordé plus d'hommages à une contrée deux fois mere des arts.

Dans ce rapide tableau des nations, on voit le caractere des peuples et le génie de leur langue marcher d'un pas égal, et l'un est toujours garant de l'autre. Admirable propriété de la parole, de montrer ainsi l'homme tout entier?

Des philosophes ont demandé si la pensée peut exister sans la parole ou sans quelqu'autre signe : non sans doute. L'homme étant une machine très-harmonieuse, n'a pu être jeté dans le monde, sans s'y établir une foule de rapports. La seule présence des objets lui a donné des *sensations*, qui sont nos idées les plus simples, et qui ont bientôt amené les *raisonnemens*. Il a d'abord senti le plaisir et la douleur, et il les a nommés ; ensuite il a connu et nommé l'erreur et la vérité. Or, *sensation et raisonnement*, voilà de quoi tout l'homme se compose : l'enfant doit sentir avant de parler, mais il faut qu'il parle avant de penser. Chose étrange ! Si l'homme n'eût pas créé des signes, ses idées simples et fugitives, germant et mourant tour-à-tour, n'auroient pas laissé plus de traces dans son cerveau, que les flots d'un ruisseau qui passe n'en laissent dans ses yeux. Mais l'idée simple a d'abord nécessité le signe, et bientôt le signe a fécondé l'idée: chaque mot a fixé la sienne, et telle est leur association, que si la parole est une pensée qui se manifeste, il faut que la pensée soit une parole intérieure et cachée. L'homme qui parle est donc l'homme qui pense tout haut; et si on peut le juger par ses paroles, on peut aussi juger une nation par son langage. La forme et le fond des ouvrages dont chaque peuple se vante n'y fait rien : c'est d'après le caractere et le génie de leur langue qu'il faut prononcer : car presque tous les écrivains suivent des regles et des modeles, mais une nation entiere parle d'après son génie.

On demande souvent ce que c'est que le génie d'une langue, et il est difficile de le dire. Ce mot tient à des idées très-composées, et a l'inconvénient des idées abstraites et générales; on craint, en les définissant, de les généraliser encore. Mais afin de mieux rapprocher cette expression de toutes les idées qu'elle embrasse, on peut dire que la douceur ou l'âpreté des articulations, l'abondance ou la rareté des voyelles, la prosodie et l'étendue des mots, leurs filiations, et enfin le nombre et la forme des tournures et des constructions qu'ils prennent entr'eux, sont les causes les plus évidentes du génie d'une langue; et ces causes se lient au climat et au caractere de chaque peuple en particulier.

Il semble au premier coup d'œil, que les proportions de l'organe vocale étant invariables, et ayant donné par-tout des articulations fixes, elles auroient dû produire par-tout les mêmes mots, et qu'on ne devroit entendre qu'un seul langage dans l'univers. Mais si les autres proportions du corps humain, non moins invariables, n'ont pas laissé de changer de nation à nation, et si les piés, les pouces et les coudées d'un peuple ne sont pas ceux d'un autre, il falloit aussi sans doute que l'organe brillant et compliqué de la parole éprouvât de grands changemens de peuple en peuple, et souvent de siecle en siecle. La nature qui n'a qu'un modele pour tous les hommes, n'a pourtant pas confondu tous les visages sous une même physionomie. Ainsi quoiqu'on trouve en tous lieux les mêmes articulations radicales, les langues n'en ont pas moins varié comme la scene du monde; chantantes et voluptueuses dans les beaux climats, âpres et sourdes sous un ciel triste, elles ont constamment suivi la répétition et la fréquence des mêmes sensations.

Après avoir expliqué la diversité des langues par la nature même des choses, et fondé l'union du caractere d'un peuple et du génie de sa langue sur l'éternelle alliance de la parole et de la pensée, il est tems d'arriver aux deux peuples qui nous attendent, et qui doivent fermer cette lice des nations : peuples chez qui tout differe, climat, langage, gouvernement, vices et vertus : peuples voisins et rivaux, qui après avoir disputé trois cens ans, non à qui auroit l'Empire, mais à qui existeroit, se disputent encore la gloire des lettres et se partagent depuis un siecle les regards de l'univers.

L'Angleterre, sous un ciel nébuleux, et séparée du reste du monde, ne parut qu'un exil aux Romains; tandis que la Gaule, ouverte à tous les peuples, et jouissant du ciel de la Grèce, faisoit les délices des Césars. Premiere différence établie par la nature, et d'où dérive une foule d'autres différences. Ne cherchons pas ce qu'étoit l'Angleterre, lorsque répandue dans les plus belles provinces de France, adoptant notre langue et nos mœurs, elle n'offroit pas une physionomie distincte; ni dans les tems où, consternée par le déspotisme de

Guillaume le conquérant et de Henri VIII, elle donnoit à ses voisins des modeles d'esclavage; mais considérons-la dans son isle, rendue à son propre génie, parlant sa propre langue, florissante de ses loix, s'asseyant enfin à son véritable rang en Europe.

Par sa position et par la supériorité de sa marine, elle peut nuire à toutes les nations et les braver sans cesse. Comme elle doit toute sa splendeur à l'Océan qui l'environne, il faut qu'elle l'habite, qu'elle le cultive, qu'elle se l'aproprie : il faut que cet esprit d'inquiétude et d'impatience, auquel elle doit sa liberté, se consume au-dedans s'il n'éclate au-dehors. Mais quand l'agitation est intérieure, elle est toujours fatale au prince, qui, pour lui donner un autre cours, se hâte d'ouvrir ses ports, et les pavillons de l'Espagne, de la France ou de la Hollande, sont bientôt insultés. Son commerce, qui s'est ramifié à l'infini dans les quatre parties du monde, fait aussi qu'elle peut être blessée de mille manieres différentes, et les sujets de guerre ne lui manquent jamais. De sorte qu'à toute l'estime qu'on ne peut refuser à une nation puissante et éclairée, les autres peuples joignent toujours un peu de haine, mêlée de crainte et d'envie.

Mais la France qui a dans son sein une subsistance assurée et des richesses immortelles, agit contre ses intérêts et méconnoît son génie, quand elle se livre à l'esprit de conquête. Son influence est si grande dans la paix et dans la guerre, que toujours maîtresse de donner l'une ou l'autre, il doit lui sembler doux de tenir dans ses mains la balance des empires, et d'associer le repos de l'Europe au sien. Par sa situation elle tient à tous les états ; par sa juste étendue elle touche à ses véritables limites. Il faut donc que la France conserve et qu'elle soit conservée ; ce qui la distingue de tous les peuples anciens et modernes. Le commerce des deux mers enrichit ses villes maritimes et vivifie son intérieur, et c'est de ses productions qu'elle alimente son commerce : si bien que tout le monde a besoin de la France, quand l'Angleterre a besoin de tout le monde. Aussi dans les cabinets de l'Europe, c'est plutôt l'Angleterre qui inquiete, c'est plutôt la France qui domine. Sa capitale, enfoncée dans les terres, n'a point eû, comme les villes maritimes, l'affluence des peuples ; mais elle a mieux senti et mieux rendu l'influence de son propre génie, le goût de son terroir, l'esprit de son gouvernement. Elle a attiré par ses charmes, plus que par ses richesses ; elle n'a pas eu le mêlange, mais le choix des nations ; les gens d'esprit y ont abondé, et son empire a été celui du goût. Les opinions exagérées du nord et du midi, viennent y prendre une teinte qui plaît à tous. Il faut donc que la France craigne de détourner, par la guerre, cet incroyable penchant de tous les peuples pour elle : quand on regne par l'opinion, est-il besoin d'autre empire ?

Je suppose ici que si le principe du gouvernement s'affoiblit chez l'une des deux nations, il s'affoiblit aussi dans l'autre, ce qui fera subsister long-tems le parallele et leur rivalité : car si l'Angleterre avoit tout son ressort, elle seroit trop remuante ; et la France seroit trop à craindre si elle déployoit toute sa force. Il y a pourtant cette observation à faire, que le monde peut changer d'attitude, et la France n'y perdroit pas beaucoup : il n'en est pas ainsi de l'Angleterre, et je ne puis prévoir jusqu'à quel point elle tombera, pour avoir plutôt songé à étendre sa domination que son commerce.

La différence de peuple à peuple n'est pas moins forte d'homme à homme. L'Anglais sec et taciturne, joint à l'embarras et à la timidité de l'homme du nord, une impatience, un dégoût de toute chose qui va souvent jusqu'à celui de la vie : le Français a une saillie de gaîté qui ne l'abandonne pas; et à quelque régime que leur gouvernement les ayent mis l'un et l'autre, ils n'ont jamais perdu cette premiere empreinte. Le Français cherche le côté plaisant de ce monde; l'Anglais semble toujours assister à un drame : de sorte que ce qu'on a dit du Spartiate et de l'Athénien, se prend ici à la lettre ; on ne gagne pas plus à ennuyer un Français qu'à divertir un Anglais. Celui-ci voyage pour voir ; le Français, pour voir et pour être vû. On n'alloit pas beaucoup à Lacédémone, si ce n'est pour étudier son gouvernement ; mais le Français visité par toutes les nations, peut se croire dispensé de voyager chez elles, comme d'apprendre leurs langues, puisqu'il retrouve par-tout la sienne. En Angleterre, les hommes vivent beaucoup entr'eux ; aussi les femmes qui n'ont pas quitté le tribunal domestique, ne peuvent entrer dans le tableau de la nation : mais on ne peindroit les Français qu'en profil, si on faisoit le tableau sans elles ; c'est de leurs vices et des nôtres, de la politesse des hommes et de la coquetterie des femmes, qu'est née cette galanterie des deux sexes qui les corrompt tour-à-tour, et qui donne à la corruption même des formes si brillantes et si aimables. Sans avoir la subtilité qu'on reproche aux peuples du midi, et l'excessive simplicité du nord, la France a la politesse et la grace; et non-seulement elle a la grace et la politesse, mais c'est elle qui en fournit les modèles dans les mœurs, dans les manieres et dans les parures. Sa mobilité ne donne pas à l'Europe le tems de se lasser d'elle. C'est pour toujours plaire, que le Français change toujours; c'est pour ne pas trop se déplaire à lui-même, que l'Anglais est contraint de changer. Le Français ne quitte la vie que lorsqu'il ne peut plus la soutenir; l'Anglais, quand il ne peut plus la supporter. On nous reproche l'imprudence et la fatuité; mais nous en avons tiré plus de parti, que nos ennemis de leur flegme et de leur fierté : la politesse ramene ceux qu'à choqués la vanité ; il n'est point d'accommodement avec l'orgueil. On peut d'ailleurs en appeller au Français de quarante ans, et l'Anglais ne gagne rien aux délais. Il est bien des momens où le Français pourroit payer de sa personne ; mais il faudra toujours que l'Anglais paye de son argent ou du crédit de sa nation. Enfin s'il est possible que le Français n'ait acquis tant de graces et de goût qu'aux dépens de ses mœurs, il est encore très possible que l'Anglais ait perdu les siennes, sans acquérir ni le goût ni les graces.

Quand on compare un peuple du midi à un peuple du nord, on n'a que des extrêmes à rapprocher : mais la France, sous sa zône tempérée, changeante dans ses manieres et ne pouvant se fixer elle-même, parvient pourtant à fixer tous les goûts. Les peuples du nord viennent y chercher et trouver l'homme du midi, et les peuples du midi y cherchent et y trouvent l'homme du nord. *Plas mi Cavalier Francès*, c'est le chevalier Français qui me plaît, disoit, il y a huit cens ans, ce Frédéric I qui avoit vu toute l'Europe et qui étoit notre ennemi. Que devient maintenant le reproche si souvent fait au Français, qu'il n'a pas le caractère de l'Anglais? Ne voudroit-on pas aussi qu'il parlât la même langue? La nature en lui donnant la douceur d'un climat, ne pouvoit lui donner la rudesse d'un autre : elle l'a fait l'homme de toutes les nations, et son gouvernement ne s'oppose point au vœu de la nature.

J'avois d'abord établi que la parole et la

pensée, le génie des langues et le caractere des peuples, se suivoient d'un même pas : je dois dire aussi que les langues se mêlent entr'elles comme les peuples; qu'après avoir été obscures comme eux, elles s'élevent et s'anoblissent avec eux : une langue pauvre ne fut jamais celle d'un peuple riche. Mais si les langues sont comme les nations, il est encore très vrai que les mots sont comme les hommes. Ceux qui ont dans la société une famille et des alliances étendues, y ont aussi une plus grande consistance. C'est ainsi que les mots qui ont de nombreux dérivés et qui tiennent à beaucoup d'autres, sont les premiers mots d'une langue et ne vieilliront jamais; tandis que ceux qui sont isolés, ou sans harmonie, tombent comme des hommes sans recommandation et sans appui. Pour achever le parallèle, on peut dire que les uns et les autres ne valent qu'autant qu'ils sont à leur place. J'insiste sur cette analogie, afin de prouver combien le goût qu'on a dans l'Europe pour les Français, est inséparable de celui qu'on a pour leur langue ; et combien l'estime dont cette langue jouit, est fondée sur celle qu'on fait de la nation.

Voyons maintenant si le génie et les écrivains de la langue anglaise auroient pû lui donner cette universalité qu'elle n'a point obtenue du caractere et de la réputation du peuple qui la parle. Opposons cette langue à la nôtre, sa littérature à notre littérature, et justifions le choix de l'univers.

S'il est vrai qu'il n'y eut jamais ni langage ni peuple sans mêlange, il n'est pas moins évident qu'après une conquête il faut du tems pour consolider le nouvel état, et pour bien fondre ensemble les idiomes et les familles des vainqueurs et des vaincus. Mais on est étonné quand on voit qu'il a fallu plus de mille ans à la langue française, pour arriver à sa maturité. On ne l'est pas moins quand on songe à la prodigieuse quantité d'écrivains qui ont fourmillé dans cette langue depuis le cinquieme siecle jusqu'à la fin du seizieme, sans compter ceux qui écrivoient en latin. Quelques monumens qui s'élevent encore dans cette mer d'oubli, nous offrent autant de français différens. Les changemens et les révolutions de la langue étoient si brusques, que le siecle où on vivoit dispensoit toujours de lire les ouvrages du siecle précédent. Les auteurs se traduisoient mutuellement de demi-siecle en demi-siecle, de patois en patois, de vers en prose : et dans cette longue galerie d'écrivains, il ne s'en trouve pas un qui n'ait cru fermement que la langue étoit arrivée pour lui à sa derniere perfection. Paquier affirmoit de son tems, qu'il ne s'y connoissoit pas, ou que Ronsard avoit fixé la langue française.

A travers ses variations, on voit cependant combien le caractere de la nation influoit sur elle : la construction de la phrase fut toujours directe et claire. La langue française n'eut donc que deux sortes de barbaries à combattre ; celle des mots et celle du mauvais goût de chaque siecle. Les conquérans français, en adoptant les expressions celtes et latines, les avoient marquées chacun à leur coin : on eut une langue pauvre et décousue, où tout fut arbitraire, et le désordre régna dans la disette. Mais quand la monarchie acquit plus de force et d'unité, il fallut refondre ces monnoies éparses & les réunir sous une empreinte générale conforme d'un côté à leur origine, et de l'autre au génie même de la nation; ce qui leur donna une physionomie double: on se fit une langue écrite et une langue parlée, et ce divorce de l'orthographe et de la prononciation dure encore. Enfin le bon goût ne se développa tout entier que dans la perfection même de la societé: la maturité du langage et celle de la nation arriverent ensemble.

En effet, quand l'autorité publique est affermie, que les fortunes sont assurées, les priviléges confirmés, les droits éclaircis, les rangs assignés; quand la nation heureuse et respectée jouit de la gloire au dehors, de la paix et du commerce au dedans; lorsque dans la capitale un peuple immense se mêle toujours sans jamais se confondre: alors on commence à distinguer autant de nuances dans le langage que dans la société; la délicatesse des procédés amene celle des propos; les métaphores sont plus justes, les comparaisons plus nobles, les plaisanteries plus fines; la parole étant le vêtement de la pensée, on veut des formes plus élégantes. C'est ce qui arriva aux premieres années du regne de Louis XIV. Le poids de l'autorité royale fit rentrer chacun à sa place: on connut mieux ses droits et ses plaisirs: l'oreille plus exercée exigea une prononciation plus douce: une foule d'objets nouveaux demanderent des expressions nouvelles: la langue française fournit à tout, et l'ordre s'établit dans l'abondance.

Il faut donc qu'une langue s'agite jusqu'à ce qu'elle se repose dans son propre génie, et ce principe explique un fait assez extraordinaire. C'est qu'aux treizieme et quatorzieme siecle, la langue française étoit plus près d'une certaine perfection, qu'elle ne le fut au seizieme. Ses élémens s'étoient déja incorporés; ses mots étoient assez fixes, et la construction de ses phrases, directe et réguliere: il ne manquoit donc à cette langue que d'être parlée dans un siecle plus heureux, et ce tems approchoit. Mais la renaissance des lettres la fit tout-à-coup rebrousser vers la barbarie. Une foule de poëtes s'éleva dans son sein, tels que les Jodelles, les Baïfs et les Ronsard. Épris d'Homere et de Pindare, et n'ayant pas digéré ces grands modèles, ils s'imaginerent que la nation s'étoit trompée jusques-là, et que la langue française auroit bientôt les beautés du grec, si on y transportoit les mots composés, les diminutifs, les péjoratifs, et sur-tout la hardiesse des inversions, choses précisément opposées à son génie. Le ciel fut *porte-flambeaux*, Jupiter *lance-tonnerre*; on eut des *agnelets doucelets* : on fit des vers sans rime, des hexamètres, des pentamètres; les métaphores basses ou gigantesques se cacherent sous un style entortillé : enfin ces poëtes parlerent grec en français, et de tout un siecle on ne s'entendit point dans notre poésie. C'est sur leurs sublimes échasses que le burlesque se trouva naturellement monté, quand le bon goût vint à paroître.

A cette même époque les deux reines Médicis donnoient une grande vogue à l'italien, et les courtisans tâchoient de l'introduire de toute part dans la langue française. Cette irruption du grec et de l'italien troubla d'abord ; mais, comme une liqueur déja saturée, elle ne put recevoir ces nouveaux élémens : ils ne tenoient pas ; on les vit tomber d'eux-mêmes.

Les malheurs de la France sous les derniers Valois, retarderent la perfection du langage ; mais la fin du regne de Henri IV et celui de Louis XIII, ayant donné à la nation l'avant-goût de son triomphe, la poésie française se montra d'abord sous les auspices de son propre génie. La prose plus sage ne s'en étoit pas écartée comme elle ; témoins Amiot, Montagne et Charon, aussi pour la premiere fois peut-être, elle ramena la poésie qui la devance toujours.

Il manque un trait à cette foible esquisse de la langue romance ou gauloise. On est persuadé que nos peres étoient tous naïfs ; que c'étoit un bienfait de leur tems et de leurs mœurs, et qu'il est encore attaché à leur langage : si bien que certains auteurs l'empruntent aujourd'hui, afin d'être naïfs aussi. Ce sont des vieillards qui, ne pouvant parler en hommes, bégayent pour paroître enfans : le naïf qui se dégrade, tombe dans le niais. Voici donc comment s'explique cette naïveté gauloise.

Tous les peuples ont le naturel ; il ne peut y avoir qu'un siecle très-avancé qui connoisse et sente le naïf. Celui que nous trouvons et que nous sentons dans le style de nos ancêtres, l'est devenu pour nous ; il n'étoit pour eux que le naturel. C'est ainsi qu'on trouve tout naïf dans un enfant qui ne s'en doute pas. Chez les peuples perfectionnés et corrompus, la pensée a toujours un voile, et la modération exilée des mœurs se réfugie dans le langage, ce qui le rend plus fin et plus piquant. Lorsque, par une heureuse absence de finesse et de précaution, la phrase montre la pensée toute nue, le naïf paroît. De même chez les peuples vêtus, une nudité produit la pudeur: mais les nations qui vont nues, sont chastes sans être pudiques, comme les Gaulois étoient naturels sans être naïfs. On pourroit ajoûter que ce qui nous fait sourire dans une expression antique, n'eut rien de plaisant dans son siecle, et que telle épigramme chargée du sel d'un vieux mot, eût été fort innocente il y a deux cents ans. Il me semble donc qu'il est ridicule d'emprunter les livrées de la naïveté, quand on ne l'a pas elle-même: nos grands écrivains l'ont trouvée dans leur ame, sans quitter leur langue, et celui qui, pour être naïf, emprunte une phrase d'Amiot, demanderoit, pour être brave, l'armure de Bayard.

C'est une chose bien remarquable, qu'à quelque époque de notre langue française qu'on s'arrête, depuis sa plus obscure origine jusqu'à Louis XIII, et dans quelque imperfection qu'elle se trouve de siecle en siecle, elle ait toujours charmé l'Europe, autant que le malheur des tems l'a permis. Il faut donc que la France ait toujours eu une perfection relative et certains agrémens fondés sur sa position et sur l'heureuse humeur de ses habitans. L'histoire qui confirme par-tout cette vérité, n'en dit pas autant de l'Angleterre.

Les Saxons l'ayant conquise, s'y établirent, et c'est de leur idiome et de l'ancien jargon du pays que se forma la langue anglaise, appellée *Anglo Saxon*. Cette langue fut abandonnée au peuple, depuis la conquête de Guillaume jusqu'à Édouard III : intervalle pendant lequel la cour et les tribunaux d'Angleterre ne s'exprimerent qu'en français. Mais enfin la jalousie nationale s'étant réveillée, on exila une langue rivale que le génie anglais repoussoit depuis long-tems. On sent bien que les deux langues s'étoient mêlées malgré leur haine ; mais il faut observer que les mots français qui émigrerent en foule dans l'anglais et qui se fondirent dans une prononciation et une syntaxe nouvelle, ne furent pourtant pas défigurés : si notre oreille les méconnoît, nos yeux les retrouvent encore ; tandis que les mots latins qui entroient dans les différens jargons de l'Europe, furent toujours mutilés comme les obélisques et les statues qui tomboient entre les mains des barbares. Cela vient de ce que les latins ayant placé les nuances de la déclinaison et de la conjugaison dans les finales des mots, nos ancêtres qui avoient leurs articles, leurs pronoms et leurs verbes auxiliaires, tronquerent ces finales qui leur étoient inutiles, et qui défiguroient le mot à leur yeux. Mais dans les emprunts que les langues modernes se font entr'elles, le mot ne s'altère que dans la prononciation.

Pendant un espace de quatre cents ans, je ne trouve en Angleterre que Chaucer et Spencer. Le premier mérita, vers le milieu du quinzieme siecle, d'être appellé l'Homere anglais : notre Ronsard le mérita de même ; et Chaucer, aussi obscur que lui, fut encore moins connu. De Chaucer jusqu'à Shakespéare et Milton, rien ne transpire dans cette isle célebre, et sa littérature ne vaut pas un coup-d'œil,

Me voilà tout-à-coup revenu à l'époque où j'ai laissé la langue française. La paix de Vervins avoit appris à l'Europe sa véritable position; on vit chaque état se placer à son rang. L'Angleterre brilla pour un moment de l'éclat d'Élisabeth et de Cromwel, et ne sortit pas du pédantisme : l'Espagne épuisée ne put cacher sa foiblesse; mais la France montra toute sa force, et les lettres commencerent sa gloire.

Si Ronsard avoit bâti des chaumieres avec des tronçons de colonnes grecques, Malherbes éleva le premier des monumens nationaux. Richelieu qui affectoit toutes les grandeurs, abaissoit d'une main la maison d'Autriche; et de l'autre attiroit à lui le jeune Corneille, en l'honorant de sa jalousie. Il fondoit avec lui ce théâtre, où son collégue régna seul. Pressentant les accroissemens et l'empire de la langue, il lui créoit un tribunal, afin de devenir par elle le législateur des nations. A cette époque, une foule de génies vigoureux entrerent à la fois dans la langue française, et lui firent parcourir rapidement tous ses périodes, de Voiture jusqu'à Pascal, et de Racan jusqu'à Boileau.

Cependant l'Angleterre n'avoit secoué ses fers, que pour les reprendre encore, et Charles II étoit paisiblement assis sur un trône teint du sang de son pere. Shakespéare avoit paru; mais son nom et sa gloire ne devoient passer les mers que deux siecles après; il n'étoit pas alors, comme il l'a été depuis, l'idole de sa nation et le scandale de notre littérature. Son génie agreste et populaire déplaisoit au prince et aux courtisans. Milton qui le suivit, mourut inconnu : sa personne étoit odieuse ; le titre de son poëme rebuta : on n'entendit pas des vers durs, hérissés de termes techniques, sans rime et sans harmonie, et l'Angleterre apprit un peu tard qu'elle possédoit un poëme épique. Il y avoit pourtant de beaux esprits et des poëtes à la cour de Charles : Congreve, Rochester, Hamilton, Waller y brilloient, et Shaftersbury hâtoit les progrès de la pensée, en épurant la prose anglaise. Cette foible aurore se perdit tout-à-coup dans l'éclat du siecle de Louis XIV : les beaux jours de la France étoient arrivés.

Il y eut un admirable concours de circonstances. Les grandes découvertes qui s'étoient faites depuis cent cinquante ans dans le monde, avoient donné à l'Esprit humain une impulsion que rien ne pouvoit plus arrêter, et cette impulsion tendoit vers la France. Paris fixa les idées flottantes de l'Europe, et devint le foyer des étincelles répandues chez tous les peuples. L'imagination de Descartes règna dans la philosophie, la raison de Boileau dans les vers; Bayle plaça le doute aux pieds de la vérité, Bossuet la mit elle-même aux pieds des rois, et nous comptâmes autant de genres d'éloquence que de grands-hommes. Notre théâtre sur-tout achevoit l'éducation de l'Europe : c'est-là que le grand Condé pleuroit aux vers du grand Corneille, et que Racine corrigeoit Louis XIV. Rome toute entiere parut sur la scène française, et les passions parlerent leur langage. Nous eûmes et ce Moliere plus comique que les Grecs, et le Télémaque plus antique que les ouvrages des anciens, et ce Lafontaine qui ne donnant pas à la langue des formes si pures, lui prêtoit des beautés plus incommunicables. Nos livres rapidement traduits en Europe et même en Asie, devinrent les livres de tous les pays, de tous les goûts et de tous les âges. La Grèce vaincue sur le théâtre, le fut encore dans des pièces fugitives qui volerent de bouche en bouche et donnerent des aîles à la langue française. Les premiers journaux qu'on vit circuler en Europe, étoient français, et ne racontoient que nos victoires et nos chefs-d'œuvres. C'est de nos académies qu'on s'entretenoit, et la langue s'étendoit par leurs correspondances. On ne parloit enfin que de l'esprit et des grâces françaises : tout se faisoit au nom de la France, et notre réputation s'accroissoit de notre réputation.

Aux productions de l'esprit se joignoient

encore celles de l'industrie : des pompons et des modes accompagnoient nos meilleurs livres chez l'Étranger, parce qu'on vouloit être par-tout raisonnable et frivole comme en France. Il arriva donc que nos voisins recevant sans cesse des meubles, des étoffes et des modes qui se renouvelloient sans cesse, manquerent de termes pour les exprimer : ils furent comme accablés sous l'exubérance de l'industrie française ; si bien qu'il prit comme une impatience générale à l'Europe, et pour n'être plus séparé de nous, on étudia notre langue de tous côtés.

Depuis cette explosion, la France a continué de donner un théâtre, des habits, du goût, des manieres, une langue, un nouvel art de vivre et des jouissances inconnues aux états qui l'entourent : sorte d'empire qu'aucun peuple n'a jamais exercé.

Et comparez-lui, je vous prie, celui des Romains qui semerent par-tout leur langue et l'esclavage, s'engraisserent de sang, et détruisirent jusqu'à ce qu'ils fussent détruits !

On a beaucoup parlé de Louis XIV, je n'en dirai qu'un mot. Il n'avoit ni le génie d'Alexandre, ni la puissance et l'esprit d'Auguste ; mais pour avoir sû régner, pour avoir connu l'art d'accorder ce coup-d'œil, ces foibles récompenses dont le talent veut bien se payer, Louis XIV marche dans l'histoire de l'esprit humain, à côté d'Auguste et d'Alexandre. Il fut le véritable Apollon du Parnasse français : les poëmes, les tableaux, les marbres ne respirerent que pour lui. Ce qu'un autre eût fait par politique, il le fit par goût. Il avoit de la grace ; il aimoit la gloire et les plaisirs ; et je ne sais quelle tournure romanesque qu'il eut dans sa jeunesse, remplit les Français d'un enthousiasme qui gagna toute l'Europe. Il fallut voir ses bâtimens et ses fêtes, et souvent la curiosité des étrangers soudoya la vanité française. En fondant à Rome une colonie de peintres et de sculpteurs, il faisoit signer à la France une alliance perpétuelle avec les arts. Quelquefois son humeur magnifique alloit avertir les princes étrangers du mérite d'un savant ou d'un artiste caché dans leurs états, et il en faisoit l'honorable conquête. Aussi le nom français et le sien pénétrerent jusqu'aux extrémités orientales de l'Asie. Notre langue domina comme lui dans tous les traités; et quand il cessa de dicter des loix, elle garda si bien l'empire qu'elle avoit acquis, que ce fut dans cette même langue, organe de son ancien despotisme, que ce prince fut humilié vers la fin de ses jours. Ses prospérités, ses fautes et ses malheurs servirent également à la langue : elle s'enrichit à la révocation de l'édit de Nantes, de tout ce que perdoit l'état. Les réfugiés emporterent dans le Nord leur haine pour le prince et leurs regrets pour la patrie, et ces regrets et cette haine s'exhalerent en français.

Il semble que c'est vers le milieu du regne de Louis XIV que le royaume se trouva à son plus haut point de grandeur relative. L'Allemagne avoit des princes nuls, l'Espagne étoit divisée et languissante, l'Italie avoit tout à craindre, l'Angleterre et l'Écosse n'étoient pas encore unies, la Prusse et la Russie n'existoient pas. Aussi l'heureuse France, profitant de ce silence de tous les peuples, triompha dans la paix, dans la guerre et dans les arts : elle occupa le monde de ses projets, de ses entreprises et de sa gloire ; pendant près d'un siecle, elle donna à ses rivaux et les jalousies littéraires et les allarmes politiques et la fatigue de l'admiration. Enfin l'Europe lasse d'admirer et d'envier, voulut imiter : c'étoit un nouvel hommage. Des essaims d'ouvriers entrerent en France et en rapporterent notre langue et nos arts qu'ils propagerent.

Vers la fin du siecle, quelques ombres se mêlerent à tant d'éclat ; Louis XIV vieillissant n'étoit plus heureux. L'Angleterre se dégagea des rayons de la France et brilla de sa propre lumiere ; de grands esprits s'éleverent dans son sein : sa langue s'étoit enrichie, comme son commerce, de la dépouille des nations ; Pope, Adisson et Dryden en adoucirent les sifflemens, et l'anglais fut, sous leur plume, l'italien du Nord: l'enthousiasme pour Shakespéare et Milton se réveilla; et cependant Loke posoit les bornes de l'esprit humain, Newton trouvoit celles de la nature.

Aux yeux du sage, l'Angleterre s'honoroit autant par la philosophie, que nous par les arts; mais puisqu'il faut le dire, la place étoit prise: l'Europe ne pouvoit donner deux fois le droit d'aînesse et nous l'avions obtenu; de sorte que tant de grands-hommes, en travaillant pour leur gloire, illustrerent leur patrie et l'humanité, plus encore que leur langue.

Supposons cependant que l'Angleterre eût été moins lente à sortir de la barbarie, et qu'elle eût précédé la France; il me semble que l'Europe n'en auroit pas mieux adopté sa langue: sa position n'appelle pas les voyageurs, et la France leur sert toujours de terme ou de passage. L'Angleterre vient elle-même faire son commerce chez les différens peuples, et on ne va point commercer chez elle. Or, celui qui voyage, ne donne pas sa langue; il prendroit plutôt celles des autres: c'est presque sans sortir de chez lui que le Français a étendu la sienne.

Supposons enfin que par sa position, l'Angleterre ne se trouvât pas reléguée dans l'Océan, et qu'elle eût attiré ses voisins; il est encore probable que sa langue et sa littérature n'auroient pu fixer le choix de l'Europe; car il n'est point d'objection un peu forte contre la langue allemande, qui n'ait encore de la force contre celle des Anglais: les défauts de la mere ont passé jusqu'à la fille. Il est vrai aussi que les objections contre la littérature anglaise, deviennent plus terribles contre celle des Allemands : ces deux peuples s'excluent l'un par l'autre.

Quoiqu'il en soit, l'événement a démontré que la langue latine étant la vieille souche, la langue de nos vainqueurs et de nos peres, c'est un de ses rejettons qui devoit fleurir en Europe. On peut dire en outre que si l'Anglais a l'audace des langues à inversions, il en a l'obscurité, et que sa syntaxe est si bizarre, que la regle y a quelquefois moins d'applications que d'exceptions. On lui trouve des formes serviles qui étonnent dans la langue d'un peuple libre, et la rendent moins propre à la conversation que la langue française, dont la marche est si leste et si débarrassée. Ceci vient de ce que les Anglais ont passé du plus extrême esclavage à la plus haute liberté politique; et que nous sommes arrivés d'une liberté presque démocratique, à une monarchie absolue. Les deux nations ont gardé les livrées de leur ancien état, et c'est ainsi que les langues sont les vraies médailles de l'histoire. Enfin la prononciation de cette langue, n'a ni la fermeté ni la plénitude de la nôtre.

J'avoue que la littérature des Anglais offre des monumens de profondeur et d'élévation, qui seront l'éternel honneur de l'esprit-humain : et cependant leurs livres ne sont pas devenus les livres de tous les hommes ; ils n'ont pas quitté certaines mains, il a fallu des essais et de la précaution pour n'être pas rebuté de l'écorce et du goût étranger. Accoutumé au crédit immense qu'il a dans les affaires, l'Anglais veut porter cette puissance fictive dans les lettres, et sa littérature en a contracté un caractere d'exagération opposé au bon goût : elle se sent trop de l'isolation du peuple et de l'écrivain ; c'est avec une ou deux sensations que quelques Anglais ont fait un livre. Le désordre leur a plû, comme si l'ordre leur eût semblé trop près de je ne sais quelle servitude : aussi leurs ouvrages qui donnent le travail et le fruit, ne donnent pas le charme de la lecture.

Mais le Français ayant reçu des impressions de tous les points de l'Europe, a placé le goût dans les opinions modérées, et ses livres composent la bibliotheque du genre-humain. Comme les Grecs, nous avons eu toujours dans le temple de la gloire, un autel pour les Graces, et nos rivaux les ont trop oubliées. On peut dire par supposition, que si le monde finissoit tout-à-coup, pour faire place à un monde nouveau, ce n'est point un excellent livre anglais, mais un excellent livre français qu'il faudroit lui léguer, afin de lui donner de notre espèce humaine une idée plus heureuse. A richesse égale, il faut que la séche raison céde le pas à la raison ornée.

Ce n'est point l'aveugle amour de la patrie ni le préjugé national qui m'ont conduit dans ce rapprochement des deux peuples; c'est la nature et l'évidence des faits. Eh! quelle est la nation qui loue plus franchement que nous? N'est-ce pas la France qui a tiré la littérature anglaise du fond de son isle? N'est-ce pas Voltaire qui a présenté Loke et Newton à l'Europe? Nous sommes les seuls qui imitions les Anglais, et quand nous sommes las de notre goût, nous y mêlons leurs caprices: nous faisons entrer un meuble, un habit à l'anglaise dans l'immense tourbillon des nôtres, comme une mode possible; et le monde l'adopte au sortir de nos mains. Il n'en est pas ainsi de l'Angleterre: quand les peuples du nord ont aimé la nation française, imité ses manieres, exalté ses ouvrages, les Anglais se sont tûs, et ce concert de toutes les voix n'a été troublé que par leur silence.

Il me reste à prouver que si la langue française a conquis l'empire par ses livres, par l'humeur et par l'heureuse position du peuple qui la parle, elle le conserve par son propre génie.

Ce qui distingue notre langue des anciennes et des modernes, c'est l'ordre et la construction de la phrase. Cet ordre doit toujours être direct et nécessairement clair. Le français nomme d'abord le *sujet* du discours, ensuite le *verbe*, qui est l'action, et enfin *l'objet* de cette action : voilà la logique naturelle à tous les hommes ; voilà ce qui constitue le sens commun. Or, cet ordre si favorable, si nécessaire au raisonnement, est presque toujours contraire aux sensations, qui nomment le premier l'objet qui frappe le premier : c'est pourquoi tous les peuples, abandonnant l'ordre direct, ont eu recours aux tournures plus ou moins hardies, selon que leurs sensations ou l'harmonie des mots l'exigeoient ; et l'inversion a prévalu sur la terre, parce que l'homme est plus impérieusement gouverné par les passions que par la raison.

Le Français, par un privilége unique, est seul resté fidele à l'ordre direct, comme s'il étoit toute raison ; et on a beau, par les mouvemens les plus variés et toutes les

ressources

ressources du style, déguiser cet ordre, il faut toujours qu'il existe : et c'est en vain que les passions nous bouleversent et nous sollicitent de suivre l'ordre des sensations; la syntaxe française est incorruptible. C'est de-là que résulte cette admirable clarté, base éternelle de notre langue : ce qui n'est pas clair n'est pas français; ce qui n'est pas clair est encore anglais, italien, grec ou latin, Pour apprendre les langues à inversions, il suffit de connoître les mots et leurs régimes; pour apprendre la langue française, il faut encore retenir l'arrangement des mots. On diroit que c'est d'une géométrie toute élémentaire, de la simple ligne droite que s'est formée la langue française; et que ce sont les courbes et leurs variétés infinies qui ont présidé aux langues grecque et latine. La nôtre regle et conduit la pensée; celles-là se précipitent et s'égarent avec elle dans le labyrinthe des sensations, et suivent tous les caprices de l'harmonie : aussi furent-elles merveilleuses pour les oracles, et la nôtre les eût absolument décriés.

Il est arrivé de-là que la langue française a été moins propre à la musique et aux vers qu'aucune langue ancienne ou moderne : car ces deux arts vivent de sensations; la musique sur-tout, dont la propriété est de donner de la force à des paroles sans couleur, et d'affoiblir les pensées fortes : preuve incontestable qu'elle est elle-même une langue à part, et qu'elle repousse tout ce qui veut partager les sensations avec elle. Qu'Orphée redise sans cesse : *J'ai perdu mon Euridice*, la sensation grammaticale d'une phrase tant répétée sera bientôt nulle, et la sensation musicale ira toujours croissant. Et ce n'est point, comme on l'a dit, parce que les mots français ne sont pas sonores, que la musique les repousse; c'est parce qu'ils offrent l'ordre et la suite, quand le chant demande le désordre et l'abandon. La musique doit bercer l'ame dans le vague et ne lui présenter que des motifs: Malheur à celle dont on dira qu'elle a tout défini!

Mais si la rigide construction de la phrase gêne la marche du musicien, l'imagination du poëte est encore arrêtée par le génie circonspect de la langue. Les métaphores des poëtes étrangers ont toujours un dégré de plus que les nôtres; ils serrent le style figuré de plus près, et leur poésie est plus haute en couleur. Il est généralement vrai que les figures orientales étoient folles; que celles des Grecs et des Latins ont été hardies, et que les nôtres sont simplement justes. Il faut donc que le poéte français plaise par la pensée, par une élégance continue, par des mouvemens heureux, par des alliances des mots. C'est ainsi que les maîtres n'ont pas laissé de cacher de grandes hardiesses dans le tissu d'un style clair et sage; et c'est de l'artifice avec lequel ils ont su déguiser leur fidélité au génie de leur langue, que résulte tout le charme de leur style. Ce qui fait croire que la langue française, sobre et timide, eût été peut-être la derniere des langues, si la masse de ses grands écrivains ne l'eût poussée au premier rang, en forçant son naturel.

Un des plus grands problêmes qu'on puisse proposer aux hommes, est cette constance de l'ordre régulier dans notre langue. Je conçois bien que les Grecs et même les Latins, ayant donné une famille à chaque mot et de riches modifications à leurs finales, ont pu se livrer aux plus hardies tournures pour obéir aux impressions qu'ils recevoient des objets : tandis que dans nos langues modernes l'embarras des conjugaisons et l'attirail des articles, la présence d'un nom mal apparenté ou d'un verbe défectueux, nous font tenir sur nos gardes, pour éviter l'obscurité. Mais pourquoi, entre les langues modernes, la nôtre s'est-elle trouvée seule si rigoureusement asservie à l'ordre direct ? Seroit-il vrai que par son caractere la nation française eût souverainement besoin de clarté ?

Tous les hommes ont ce besoin sans doute ; et je ne croirai jamais que dans Athènes et dans Rome les gens du peuple ayent usé d'inversions. On voit au contraire leurs plus grands écrivains se plaindre de l'abus qu'on en faisoit en vers et en prose. Ils sentoient que l'inversion étoit l'unique source des difficultés et des équivoques dont leurs langues fourmillent; parce qu'une fois l'ordre du raisonnement sacrifié, l'oreille et l'imagination, ce qu'il y a de plus capricieux dans l'homme, restent maîtresses du discours. Aussi, quand on lit Démétrius de Phalere, est-on frappé des éloges qu'il donne à Thucydide, pour avoir débuté dans son histoire, par une phrase de construction toute française. Cette phrase étoit élégante et directe à la fois; ce qui arrivoit rarement; car toute langue accoutumée à la licence des inversions, ne peut plus porter le joug de l'ordre, sans perdre sa grace et sa fierté.

Mais la langue française ayant la clarté par excellence, a dû chercher toute son élégance et sa force dans l'ordre direct ; cet ordre et cette clarté ont dû sur-tout dominer dans la prose, et la prose à dû lui donner l'empire ; cette marche est dans la nature : rien n'est en effet comparable à la prose française.

Il y a des piéges et des surprises dans les langues à inversions : le lecteur reste suspendu dans une phrase latine, comme le voyageur devant des routes qui se croisent ; il attend que toutes les finales l'ayent averti de la correspondance des mots ; son oreille reçoit ; et son esprit, qui n'a cessé de décomposer pour composer encore, résout enfin le sens de la phrase, comme un problême. La prose française se développe en marchant et se déroule avec grace et noblesse. Toujours sûre de la construction de ses phrases, elle entre avec plus de bonheur dans la discussion des choses abstraites, et sa sagesse donne de la confiance à la pensée, Les philosophes l'ont adoptée, parce qu'elle s'accommode également, et de la frugalité didactique, et de la magnificence qui convient à la grande histoire de la nature.

On ne dit rien en vers qu'on ne puisse aussi-bien exprimer dans notre prose ; et cela n'est pas toujours réciproque. Le prosateur tient plus étroitement sa pensée et la conduit par le plus court chemin ; tandis que le versificateur laisse flotter les rênes, et va où la rime le pousse. Notre prose s'enrichit de tous les trésors de la poésie ; elle poursuit le vers dans toutes ses hauteurs, et ne laisse entr'elle et lui que la rime. Étant donnée à tous les hommes, elle a plus de juges que la versification, et sa difficulté se cache sous une extrême facilité. Le versificateur enfle sa voix, s'arme de la rime et de la mesure, et tire sa pensée du sentier vulgaire : mais que de foiblesses ne cache pas l'art des vers ! La prose accuse le nud de la pensée ; il n'est pas permis d'être foible avec elle. Selon Denis d'Halycarnasse, il y a une prose qui vaut mieux que les meilleurs vers, et c'est elle qui fait lire les grands ouvrages ; parce que la variété de ses périodes lasse moins que le charme continu de la rime et de la mesure. Et qu'on ne croye pas que je veuille par-là dégrader les beaux vers : ainsi que la musique, ils sont un véritable présent de la nature. L'éloquence a plus d'une route, et l'éloquence en vers est admirable ; mais leur méchanisme fatigue, sans offrir à l'esprit des tournures plus hardies : dans notre langue sur-tout, où les vers semblent être les débris de la prose qui les a précédés ; tandis que chez les Grecs, Sauvages plus harmonieusement organisés que nos ancêtres, les vers et les dieux régnerent long-tems avant la prose et les rois. Aussi peut-on dire que leur langue fut long-tems chantée avant d'être parlée ; et la nôtre, à jamais dénuée de prosodie, ne s'est dégagée qu'avec peine de ses articulations rocailleuses. De-là nous est venue cette rime, tant reprochée à la versification moderne, et pourtant si nécessaire pour lui donner cet air de chant qui la distingue de la prose. Car la musique est cachée dans le langage, comme la danse dans la marche ordinaire, et c'est la rime, la mesure et l'harmonie imitative qui développent cette partie musicale des langues. Au reste, les anciens n'eurent-ils pas la rime des mesures comme nous celle des sons ; et n'est-ce pas ainsi que tous les arts ont leurs rimes, qui sont les symétries ? Un jour, cette rime des modernes, si fatiguante pour l'oreille, aura de grands avantages pour la postérité : car il s'élevera des Saumaises qui compileront laborieusement toutes celles des langues mortes ; et comme il n'y a presque pas un mot qui n'ait passé par la rime, ils fixeront par-là une sorte de prononciation semblable à la nôtre ; ainsi que par les loix de la mesure, nous avons fixé la valeur des syllabes chez les Grecs et les Latins.

Quoi qu'il en soit de la prose et des vers français, quand cette langue traduit, elle explique véritablement un auteur. Mais les langues italienne et anglaise, abusant de leurs inversions, se jettent dans tous les moules que le texte leur présente : elles se calquent sur lui, et rendent difficulté pour difficulté : je n'en veux pour preuve que Davanzati. Quand le sens de Tacite se perd, comme un fleuve qui disparoît tout-à-coup sous la terre, le traducteur s'y plonge et se dérobe avec lui. On les voit ensuite reparoître ensemble : ils ne se quittent pas l'un l'autre ; mais le lecteur les perd souvent tous deux.

La prononciation de la langue française porte l'empreinte de son caractere : elle est plus variée que celle des langues du midi, mais moins éclatante ; elle est plus douce que celle des langues du nord, parce qu'elle n'articule pas toutes ses lettres. Le son de l'E muet, toujours semblable à la derniere vibration des corps sonores, lui donne une harmonie légère qui n'est qu'à elle.

En considérant la langue latine comme la grosse planette, et les langues d'Europe comme ses satellites, la nôtre paroît à une distance plus heureuse, et sa température tient au rang qu'elle occupe.

Si on ne lui trouve pas les diminutifs et les mignardises de la langue italienne, son allure en est plus mâle : dégagée de tous les protocoles que la bassesse inventa pour la vanité, elle en est plus faite pour la conversation, lien des hommes et charme de tous les âges; et puisqu'il faut le dire, elle est de toutes les langues, la seule qui ait une probité attachée à son génie. Sûre, sociale, raisonnable, ce n'est plus la langue française, c'est la langue humaine. Et voilà pourquoi les puissances l'ont appellée dans leurs traités : elle y règne depuis les conférences de Nimègue, et désormais les intérêts des peuples et les volontés des rois reposeront sur une base plus fixe : on ne sémera plus la guerre dans des paroles de paix.

Aristippe ayant fait naufrage, aborda à une isle inconnue; et voyant des figures de géométrie tracées sur le rivage, il s'écria, que les dieux ne l'avoient pas conduit chez des barbares. Quand on arrive chez un peuple, et qu'on y trouve la langue française, on peut se croire chez un peuple poli.

Léibnitz cherchoit une langue universelle, et nous l'établissions autour de lui. Ce grand-homme sentoit que la multitude des langues étoit fatale au génie, et prenoit trop sur la briéveté de la vie. Il est bon de ne pas donner trop de vêtemens à sa pensée : il faut, pour ainsi dire, voyager dans les langues; et après avoir savouré le goût des plus célébres, se renfermer dans la sienne.

Si nous avions les littératures de tous les

peuples passés, comme nous avons celle des Grecs et des Romains, ne faudroit-il pas que tant de langues se réfugiassent dans une seule par la traduction? Ce sera vraisemblablement le sort des langues modernes, et la nôtre leur offre un port dans le naufrage. L'Europe présente une république fédérative, composée d'empires et de royaumes, et la plus redoutable qui ait jamais existé; on ne peut en prévoir la fin, et cependant la langue française doit encore lui survivre. Les états se renverseront, et cette langue sera toujours retenue dans la tempête par deux ancres, sa littérature et sa clarté: jusqu'au moment où, par une de ces grandes révolutions qui remettent les choses à leur premier point, la nature vienne renouveller ses traités avec un autre genre-humain.

Mais sans attendre l'effort des siecles ; cette langue ne peut-elle pas se corrompre ? Une telle question meneroit trop loin : il faut seulement soumettre la langue française au principe commun à toutes les langues.

Le langage est la peinture de nos idées, qui à leur tour sont des images plus ou moins étendues de quelques parties de la nature. Comme il existe deux mondes pour chaque homme en particulier, l'un hors de lui, qui est le monde physique, et l'autre, le monde moral ou intellectuel qu'il porte dans soi ; il y a aussi deux styles dans le langage, le naturel et le figuré. Le premier exprime ce qui se passe hors de nous et dans nous, par des causes physiques ; il compose le fond des langues, s'étend par l'expérience, et peut être aussi grand que la nature. Le second exprime ce qui se passe dans nous et hors de nous; mais c'est l'imagination qui le compose des emprunts qu'elle fait au premier. *Le soleil brûle; le marbre est froid; l'homme desire la gloire;* voilà le langage propre, ou naturel. *Le cœur brûle de desir; la crainte le glace; la terre demande la pluie* : voilà le style figuré, qui n'est que le simulacre de l'autre et qui double ainsi la richesse des langues. Comme il tient à l'idéal, il paroît plus grand que la nature.

L'homme le plus dépourvu d'imagination, ne parle pas longtems sans tomber dans la métaphore. Or, c'est ce perpétuel mensonge de la parole, c'est le style métaphorique qui porte un germe de corruption; le style naturel ne peut être que vrai; et quand il est faux, l'erreur est de fait, et nos sens la corrigent tôt ou tard. Mais les erreurs dans les figures ou dans les métaphores, annoncent de la fausseté dans l'esprit, et un amour de l'exagération qui ne se corrige pas.

Une langue vient donc à se corrompre, lorsque confondant les limites qui séparent le style naturel du figuré, on met de l'affectation à outrer les figures et à rétrécir le naturel qui est la base, pour charger d'ornemens superflus l'édifice de l'imagination. Par exemple, il n'est point d'art ou de profession dans la vie, qui n'ait fourni des expressions figurées au langage : on dit, *la trame de la perfidie ; le creuset du malheur*; et on voit que ces expressions sont comme à la porte de nos atteliers, et s'offrent à tous les yeux. Mais quand on veut aller plus avant et qu'on dit, *cette vertu qui sort du creuset, n'a pas perdu tout son alliage ;*

il lui faut plus de cuisson : lorsqu'on passe de la trame de la perfidie *à la navette de la fourberie*, on tombe dans l'affectation.

C'est ce défaut qui perd les écrivains des nations avancées ; ils veulent être neufs, et ne sont que bizarres ; ils tourmentent leur langue, pour que l'expression leur donne la pensée, et c'est pourtant celle-ci qui doit toujours amener l'autre. Ajoutons qu'il y a une seconde espéce de corruption, mais qui n'est pas à craindre pour la langue française : c'est la bassesse des figures. Ronsard disoit, *le soleil perruqué de lumiere ; la voile s'enfle à plein ventre.* Ce défaut précéde la maturité des langues, et disparoît avec la politesse.

Par toutes les expressions dont les arts et les metiers ont enrichi les langues, il semble qu'elles ont peu d'obligations aux gens de la cour et du monde : mais si c'est la partie laborieuse d'une nation qui crée, c'est la partie oisive qui choisit et qui regne. Le travail et le repos sont pour l'une ; le loisir et les plaisirs pour l'autre. C'est au goût dédaigneux, c'est à l'ennui d'un peuple d'oisifs que l'art a dû ses progrès et ses finesses. On sent en effet que tout est bon pour l'homme de cabinet et de travail, qui ne cherche le soir qu'un délassement dans les spectacles et les chefs-d'œuvres des arts : mais pour des ames excédées de plaisirs et lasses de repos, il faut sans cesse des attitudes nouvelles et des sensations toujours plus exquises.

Peut-être est-ce ici le lieu d'examiner ce reproche de pauvreté et d'extrême délicatesse, si souvent fait à la langue française. Sans doute, il est difficile d'y tout exprimer avec noblesse ; mais voilà précisément ce qui constitue en quelque sorte son caractère. Les styles sont classés dans notre langue, comme les sujets dans notre monarchie : deux expressions qui conviennent à la même chose, ne conviennent pas au même état des choses ; et c'est à travers cette hiérarchie des styles que le bon goût sait marcher. On peut ranger nos grands écrivains en deux classes : les premiers, tels que Racine ou Boileau, doivent tout à un grand goût et à un travail obstiné ; ils parlent un langage parfait dans ses formes, sans mélange, toujours idéal, toujours étranger au peuple qui les environne : ils deviennent les écrivains de tous les tems, et perdent bien peu dans la postérité. Les seconds, nés avec plus d'originalité, tels que Moliere ou Lafontaine, revêtent leurs idées de toutes les formes populaires ; mais avec tant de sel, de goût et de vivacité, qu'ils sont à la foi les modeles et les répertoires de leur langue. Cependant leurs couleurs plus locales s'effacent à la longue; le charme du style mêlé s'affadit ou se perd, et ils ne sont pour la postérité qui ne peut les traduire, que les écrivains de leur nation. Il seroit donc aussi injuste de juger de l'abondance de notre langue par le Télémaque ou Cinna seulement, que de la population de la France par le petit nombre appellé *la bonne compagnie.*

J'aurois pu examiner jusqu'à quel point et par combien de nuances, les langues passent et se degradent en suivant le déclin des états. Mais il suffit de dire, qu'après s'être élevées d'époque en époque, jusqu'à la perfection, c'est en vain qu'elles en descendent : elles y sont fixées par les bons livres, et c'est en devenant langues mortes, qu'elles se font réellement immortelles. Le mauvais latin du bas empire n'a-t-il pas donné un nouveau lustre à la belle latinité du siecle d'Auguste? Les grands écrivains ont tout fait : si notre France cessoit d'en produire, la langue de Racine et de Voltaire deviendroit une langue morte; et si les Esquimaux nous offroient tout-à-coup douze écrivains du premier ordre, il faudroit bien que les regards de l'Europe se tournassent vers cette littérature des Esquimaux.

Terminons, il est tems, l'histoire déja trop longue de la langue française. Le choix de l'Europe est expliqué et justifié; voyons d'un coup-d'œil, comment, sous le regne de Louis XV, il a été confirmé, et se confirme encore de jour en jour.

Louis XIV se survivant à lui-même, voyoit commencer un autre siecle ; et la France n'avoit respiré qu'un moment. La philosophie anglaise ne put résister à son voisinage ; elle passa les mers, et Fontenelle en la combattant la fit aimer à l'Europe. Astre doux et paisible, il regna pendant le crepuscule qui sépara les deux regnes. Son style clair et familier s'exerçoit sur des objets profonds, et nous déguisoit notre ignorance. Montesquieu vint ensuite montrer aux hommes les droits des uns et les usurpations des autres, le bonheur possible et le malheur réel. Pour écrire l'histoire grande et calme de la nature, Buffon emprunta ses couleurs et sa majesté : pour en fixer les époques, il se transporta dans des tems qui n'ont point existé pour l'homme, et là son imagination rassembla plus de

faits

faits que l'histoire n'en a depuis gravés dans ses annales : de sorte que ce qu'on appelloit le commencement du monde, et qui touchoit pour nous aux ténébres d'une éternité antérieure, se trouve placé par lui entre deux suites d'événemens, comme entre deux foyers de lumiere. Désormais l'histoire de la terre précédera celle de ses habitans.

Par-tout on voyoit la philosophie mêler ses fruits aux fleurs de la littérature, et l'encyclopédie étoit annoncée. C'est l'Angleterre qui avoit tracé ce vaste bassin où doivent se rendre nos diverses connoissances ; mais il fut creusé par des mains françaises : l'éclat de cette entreprise rejaillit sur la nation et couvrit le malheur de nos armes. En même tems un roi du Nord faisoit à notre langue, l'honneur que

Marc-Aurèle et Julien firent à celle des Grecs : il associoit son immortalité à la nôtre ; Frédéric voulut être loué des Français, comme Alexandre des Athéniens. Au sein de tant de gloire, parut le philosophe de Genève. Ce que la morale avoit jusqu'ici enseigné aux hommes, il le commanda, et son impérieuse éloquence fut écoutée. Raynal donnoit enfin aux deux mondes le livre où sont pesés les crimes de l'un et les malheurs de l'autre. C'est-là que les puissances de l'Europe sont appellées tour-à-tour, au tribunal de l'humanité, pour y frémir des barbaries exercées en Amérique ; au tribunal de la philosophie, pour y rougir des préjugés qu'elles laissent encore aux nations ; au tribunal de la politique, pour y entendre leurs véritables intérêts, fondés sur le bonheur des peuples.

Mais Voltaire régnoit depuis un siecle, et ne donnoit pas à la France le tems de se reposer. L'infatigable mobilité de son ame de feu l'avoit appelé à l'histoire fugitive des hommes. Il attacha son nom à toutes les découvertes, à tous les événemens, à toutes les révolutions de son tems, et la renommée s'accoutuma à ne plus parler sans lui. Ayant caché le déspotisme du génie sous des graces toujours nouvelles, il devint une puissance en Europe, et fut pour elle le le Français par excellence, lorsqu'il étoit pour nous l'homme de tous les lieux et de tous les siecles. Il joignit enfin à l'universalité de sa langue, son universalité personnelle; et c'est un problême de plus pour la postérité.

Ces grands-hommes nous échappent, il est vrai, mais nous vivons encore de leur gloire, et nous la soutiendrons, puisqu'il nous est donné de faire dans le monde physique les pas de géant qu'ils ont faits dans le monde moral. L'airain vient de parler entre les mains d'un français, et l'immortalité que les livres donnent à notre langue, des automates vont la donner à sa prononciation. C'est en France et à la face des nations que deux hommes se sont trouvés entre le ciel et la terre, comme s'ils eussent rompu le contrat éternel que tous les corps ont fait avec elle. Ils ont voyagé dans les airs, suivis des cris de l'admiration, et des allarmes de la reconnoissance. La commotion qu'un tel spectacle a laissée dans les esprits durera longtems; et si, par ses découvertes, la physique poursuit ainsi l'imagination dans ses derniers retranchemens, il faudra bien qu'elle abandonne ce merveilleux, ce monde idéal d'où elle se plaisoit à charmer et à tromper les hommes : il ne restera plus à la poésie que le langage de la raison et des passions ; et c'est un assez bel empire.

Cependant l'Angleterre, témoin de nos succès, ne les partage point. Sa derniere guerre avec nous, la laisse dans la double éclipse de sa littérature et de sa prépondérance ; et cette guerre a donné à l'Europe un grand spectacle. On y a vu un peuple libre conduit par l'Angleterre à l'esclavage, et ramené par un jeune monarque à la liberté. L'histoire de l'Amérique se réduit désormais à trois époques : Égorgée par l'Espagne, opprimée par l'Angleterre, et sauvée par la France.

NOTES.

PAGE 3. *On parla Latin à la Cour, &c.*

Lorsqu'un prédicateur, pour être entendu des peuples, avoit prêché en langue vulgaire, il se hâtoit de transcrire son sermon en latin. Ce sont ces espèces de traductions, faites par les auteurs mêmes, qui nous sont restées. Un tel usage prolongeoit bien l'enfance des langues modernes.

Il faut observer ici que non-seulement les Gaulois quitterent l'ancien celte pour la langue romaine, mais qu'ils vouloient aussi s'appeller Romains, et se plaisoient à nommer leur pays Gaule romaine ou Romanie. Les Francs, leurs vainqueurs, eurent le même foible; tant le nom Romain en imposoit encore à ces barbares! Nos premiers rois se qualifioient de patrices romains, comme chacun sait. La langue nationale, qu'on appella romain ou *roman rustique*, se combina donc du patois celte des anciens Gaulois, du tudesque des Francs et du latin : elle fit ensuite quelques alliances avec le grec, l'arabe et le lombard. Sous François I, la langue étoit encore appellée *romance* ou roman. Long-tems auparavant Guillaume de Nangis prétend que *c'est pour la commodité des bonnes gens qu'il a translaté son histoire de latin en roman*. Ce nom est resté à tous les ouvrages fait sur le modele des vieilles histoires d'amour et de chevalerie. On l'écrîvoit *romans*, de *romanus*, comme nous écrivons *temps* de *tempus*.

PAGE 5. *Ces deux mots expriment la physionomie, &c.*

On y voit le perpétuel changement du *v* en *b*, et de l'*eu* en *ou*. *Fleurs* et *flours* ; *pleurs* et *plours* ; *senteur*, sen*tou* ; dou*leur*, dou*lou*, &c. La fem*meu*, la femm*ou*, &c. Ainsi l'*e* muet, comme on voit, se change en *ou* à la fin des mots, et fuit à l'oreille comme l'*eu* des Français. Dans ces patois, les *ch* deviennent des *k* : *château* est *cas*tel ; *ché*tif, *ca*ttivo ; *cha*peau, *ca*pel ; *Char*le, *Car*le, &c. Ces jargons sont jolis et riches ; mais n'étant point annoblis, ils ont le malheur de dégrader ce qu'ils touchent.

PAGE 5. *Un Auteur Italien, &c.*

C'est Brunetto Latini, précepteur du Dante. Il composa un ouvrage intitulé *Tesoretto*, ou le petit Trésor, en langue française, au commencement du treizieme siecle. Pour s'excuser de la préférence qu'il donne à cette langue sur la sienne, voici comment il s'exprime : « Et s'aucuns demande porquoy chis livres est escris en romans, selon le patois de France, puisques nous sommes Italiens, je diroé que c'est pour deux raisons, l'une porce que nous sommes en France, l'autre si est por ce que François est plus délitaubles langages et plus communs que moult d'autres. » Brunet Latin étoit exilé en France : les poésies de Thibaut, roi de Navarre et comte de Champagne, les romans de chevalerie et la cour de la reine

Blanche, donnoient du lustre au français; tandis que l'Italie, morcellée en petits états, et déchirée par d'horribles factions, avoit quinze ou vingt patois barbares, et pas un livre agréable. Le Dante et Pétrarque n'avoient point encore écrit.

PAGE 6. *Langue légitimée.*

Louis XII et François I ordonnerent qu'on ne traiteroit plus les affaires qu'en français. Les facultés ont persisté dans leur latinité barbare. *Hodièque manent vestigia ruris.*

PAGE 9. *Sa prononciation gutturale, &c.*

Nous suivons en ceci l'opinion qui s'est établie sur la langue allemande. A dire vrai, sa prononciation est presque aussi labiale que la nôtre; mais comme les consonnes y dominent, et qu'on la prononce avec force; on a conclu que les Allemands parloient du gosier. Il en est de l'allemand comme de l'anglais, et même du français: leur prononciation s'adoucissant de jour en jour, et leur orthographe étant inflexible : il en résulte des langues agréables à l'oreille, mais dures à l'œil.

PAGE 11. *Des Poëmes tirés de la Bible.*

Ce sont des poëmes sur Adam, sur Abel, sur Tobie, sur Joseph, enfin sur la passion de J. C. Ce dernier poëme, intitulé la *Messiade*, jouit d'une grande réputation dans l'empire : la *Mort d'Abel* est plus connue en France. M. Klopstok a écrit la Messiade en vers hexamètres, et M. Gesner n'a employé pour sa Mort d'Abel qu'une prose poétique. J'ignore si la langue allemande a une prosodie assez marquée pour supporter la versification grecque et latine. Elle a d'ailleurs des vers rimés, comme tous les peuples du monde.

PAGE 13. *Imité et surpassé, &c.*

J'entends par les tragiques Français : car Lopès de Vega peut être comparé à Shakespéare pour la force, l'abondance, le désordre et le mêlange de tous les tons.

PAGE 15. *La noblesse des desinences*, &c.

Un mendiant Espagnol qui demande *uno maravedis* avec un air de morgue, paroît exiger quelque grosse contribution, et ne demande réellement qu'un *liard*.

PAGE 17. *La Langue vulgaire*, &c.

C'est ainsi que les Italiens appellent encore leur langue. Au tems du Dante, chaque petite ville avoit son patois en Italie; et comme il n'y avoit pas une seule cour un peu respectable, ni un seul livre de marque, ce poëte, ébloui de l'éclat de la cour de France et de la réputation qu'obtenoient déjà en Europe les romans et les poëmes des Troubadours et des Trouveurs, eut envie d'écrire tous ses ouvrages en latin, et il en écrivit en effet quelques-uns dans cette langue. Son poëme de l'Enfer étoit déjà ébauché et commençoit par ce vers:

Infera regna canam, mediumque, imumque Tribunal.

Mais encouragé par ses amis, il eut honte d'abandonner sa langue. Il se mit à chercher dans chaque patois ce qu'il y sentoit de bon et de grammatical, et c'est de tant de choix qu'il se fit un langage régulier, un *langage de cour*, selon sa propre expression; langage dont les germes étoient par-tout, mais qui ne fleurit qu'entre ses mains. Voyez son traité de *vulgari Eloquentiâ*, et la nouvelle traduction de son poëme de l'Enfer, imprimée à Paris.

PAGE 20. *Se débattoit dans les horreurs de la Ligue, &c.*

Le Tasse étoit en France à la suite du cardinal d'Este, précisément au tems de la Saint-Barthelemy. Il est bon d'observer que l'Arioste et lui étoient antérieurs de quelques années à Cervantes et à Lopès de Vega.

PAGE 22. *Elle s'en étoit trop occupée &c.*

Le Dante avoue que de son tems on parloit quatorze dialectes indistinctement en Italie, sans compter ceux qui étoient moins connus. Aujourd'hui la bonne compagnie à Venise parle fort bien le vénitien, et ainsi des autres états. Leurs pieces de théâtre ont été infectées de ce mêlange de tous les jargons. Métastase, qui s'est tant enrichi avec les tragiques Français, vient enfin de porter sur les théâtres d'Italie une élégance et une pureté continue dont il ne sera plus permis de s'écarter.

PAGE 24. *Formes cérémonieuses, &c.*

L'Arioste se plaint des Espagnols à cet égard, et les accuse d'avoir donné ces formes serviles à la langue toscane, au tems de leurs conquêtes et de leur séjour en Italie.

Dapoi che l'adulazione Spagnuola,
A posto la Signoria in Burdello.

Observons que l'italien a plus de formes sacramentelles qu'aucune autre langue.

PAGE 26. *L'homme étant une machine très-harmonieuse.*

Il faut entendre ceci à la maniere de Pascal : l'homme n'est qu'un roseau, mais c'est un roseau pensant.

dem. *Plaisir et douleur, erreur et verité.*

Je ne prétends pas dire par-là que l'homme t d'abord trouvé les termes abstraits ; il s'est intenté d'aplaudir ou d'improuver par des sines simples, et de dire, par exemple, *oui* et *non*, u lieu de *vérité* et d'*erreur*. C'est quand les hommes ont eu assez d'esprit pour inventer les nombres complexes qui en contiennent d'autres ; lorsqu'étant fatigués de n'avoir que des unités dans leur numeraire et dans leurs mesures, ils ont imaginé des pieces qui en représentoient plusieurs autres, comme des écus pour représenter soixante sous, des toises pour représenter six pieds ou soixante-douze pouces, &c. C'est alors, dis-je, qu'ils ont eu les termes abstraits, imaginés d'après les mêmes besoins et le même artifice. *Blancheur* a rassemblé sous elle tous les corps blancs, puisqu'elle convient à tous ; *Collége* a représenté tous ceux qui le composent ; la *vie* a été la suite de nos instans ; le *cœur*, la suite de nos desirs ; l'*esprit*, la suite de nos idées, &c. &c.

C'est cette difficulté qui a tant exercé l[es] métaphisiciens, et sur laquelle J. J. Roussea[u] se récrie dans son discours de l'inégalité d[es] conditions, comme sur le plus grand myster[e] qu'offre le langage.

PAGE 27. *Parole intérieure et cachée.*

Que dans la retraite et le silence le plus absolu, un homme entre en méditation sur les objets les plus dégagés de la matiere; il entendra toujours au fond de sa poitrine une voix secrette qui nommera les objets à mesure qu'ils passeront en revue. Si cet homme est sourd de naissance, la langue n'étant pour lui qu'une simple peinture, il verra passer tour-à-tour les hiéroglyphes, ou les images des choses sur lesquelles il méditera.

Telle est l'étroite dépendance où la parole met la pensée, qu'il n'est pas de courtisan un peu habile qui n'ait éprouvé qu'à force de dire du bien d'un sot ou d'un fripon en place, on finit par en penser.

PAGE 30. *Articulations radicales, &c.*

Ce sont ces racines de mots que les étymologistes cherchent obstinément par un travail ingénieux et vain. Les uns veulent tout ramener à une langue primitive et parfaite : les autres déduisent toutes les langues des mêmes radicaux. Ils les regardent comme une monnoie que chaque peuple a chargée de son empreinte. En effet, s'il existoit une monnoie dont tous les peuples se fussent toujours servi, et qu'elle fut indestructible ; c'est elle qu'il faudroit consulter pour la fixation des tems où elle fut frappée. Et si cette monnoie étoit telle que, sans trop de confusion, on eut pu lui donner des marques certaines qui désignassent les empires où elle auroit passé, l'époque de leur politesse ou de leur barbarie, de leur force ou de leur foiblesse ; c'est elle encore qui fourniroit les plus sûrs matériaux de l'histoire. Enfin si cette monnoie s'altéroit de certaine maniere entre les mains de certains particuliers, que leurs affections lui donnassent de telles couleurs et de telles formes, qu'on distinguât les pieces qui ont servi à soulager l'humanité ou à l'opprimer, à l'encouragement des arts ou à la corruption de la justice, &c.; une telle monnoie dévoileroit incontestablement le génie, le goût et les mœurs de chaque peuple. Or, les racines des mots sont cette monnoie primitive, antiques médailles répandues chez tous les peuples. Les langues plus ou moins perfectionnées ne sont autre chose que cette monnoie ayant déjà eu cours; et les livres ne sont que les dépôts qui constatent ses différentes altérations.

Voilà la supposition la plus favorable qu'on puisse faire et c'est elle sans doute qui a séduit l'Auteur du *Monde Primitif*, ouvrage d'une immense érudition, et devant qui doivent pâlir nos vieux in-folio; mais qui plus rempli de recherches que de preuves, et n'ayant pas de proportion avec la briéveté de la vie, sollicite un abrégé dès la premiere page.

Il me semble que ce n'est point de l'étymologie des mots qu'il faut s'occuper, mais plutôt de leurs analogies et de leurs filiations, qui peuvent conduire à celles des idées. Les langues les plus simples et les plus près de leur origine sont déjà très-altérées. Il n'y a jamais eu sur la terre ni sang pur ni langue sans alliage. *Quand il nous manque un mot*, disoient les latins. *nous l'empruntons des Grecs :* tous les peuples en ont pu dire autant. La plûpart des mots ont quelquefois une généalogie si bisarre, qu'il faut la deviner au hasard, et la plus vraisemblable est souvent la moins vraie. Un usage, une plaisanterie, un événement dont il ne reste plus de traces, ont établi des expressions nouvelles, ou détourné le sens des anciennes. Comment donc se flatter d'avoir trouvé la vraie racine d'un mot? Si vous me la montrez dans le grec, un autre la verra dans le syriaque, tel autre dans l'arabe. C'est ainsi qu'un Français voit le nord en Allemagne, le Germain le voit en Suede, et le Suédois en Laponie. Souvent un radical vous a guidé heureusement d'une premiere à une seconde, ensuite à une troisieme langue, et tout-à-coup il disparoît comme un flambeau qui s'éteint au milieu de la nuit. Il n'y a donc que quelques onomatopées, quelques sons bien imitatifs qu'on retrouve chez toutes les nations : leur recueil ne peut être qu'un objet de curiosité. Il est d'ailleurs si rare que l'étymologie d'un mot coïncide avec sa véritable acception, qu'on ne peut justifier ces sortes de recherches par le prétexte de mieux fixer par-là le sens des mots. Les écrivains qui savent le plus de langues, sont ceux qui commettent le plus d'impropriétés. Trop occupés de l'ancienne énergie d'un terme, ils oublient sa valeur actuelle et négligent les nuances, qui font la grace et la force du discours. Voici enfin une derniere réflexion : si les mots avoient une origine certaine et fondée en raison, et si on démontroit qu'il a existé un peuple créateur de la premiere langue, les noms radicaux et primitifs auroient un rapport nécessaire avec l'objet nommé. La définition que nous sommes forcés de faire de chaque chose, ne seroit qu'une extension de ce nom primitif, lequel ne seroit lui-même qu'une définition très-abrégée et très-parfaite de l'objet, et c'est ce que certains théologiens ont affirmé de la langue que parla le premier homme. On auroit donc unanimement donné le même nom au même arbre, au même animal, sur toute la terre et dans tous les tems; mais cela n'est point. Qu'on en juge par l'embarras où nous sommes lorsqu'il s'agit de nommer quelqu'objet inconnu ou de faire passer un terme nouveau. Il faut donc tout apprendre en ce monde; et l'homme qui n'apprend point à parler, reste muet. Il y a si loin d'un son ou d'un simple cri à l'articulation, qu'on ne peut y songer sans surprise; et comme nous avons tous appris à parler, et que nous sommes convenus entre nous de la valeur de chaque mot, nous ne pourrons jamais concevoir qu'un homme vienne à parler de lui-même et à bien parler.

PAGE 33. *La France qui a dans son sein des richesses immortelles, &c.*

Il y a deux cents ans qu'en Angleterre, et en plein parlement, un homme d'état observa que la France n'avoit jamais été pauvre trois ans de suite.

PAGE 39. *La France sous sa zône tempérée, &c.*

Il est certain que c'est sous la zône tempérée que l'homme a toujours atteint son plus haut degré de perfection.

PAGE 43. *Autant de Français différens, &c.*

Celui de Saint-Louis, des Romanciers d'après, d'Alain-Chartier, de Froissard; celui de Marot, de Ronsard, d'Amiot; et enfin la langue de Malherbe, qui est la nôtre. On trouve la même bigarrure chez tous les peuples, Le latin des douze tables, celui d'Ennius, celui de César, et enfin la latinité du moyen âge.

Idem. *Se traduisoient mutuellement, &c.*

Le roman de la Rose, traduit plusieurs fois, l'a été en prose par un petit chanoine du quatorzieme siecle. Ce traducteur jugea à propos de faire sa préface en quatre vers, que voici :

Cy est le roman de la Rose
Qui a été clair et net,
Translaté de vers en prose
Par votre humble Mouliner.

PAGE 45. *Et ce divorce de la prononciation et de l'orthographe, &c.*

L'orthographe est une maniere invariable d'écrire les mots, afin de les reconnoître. C'est dans la latinité du moyen âge qu'on voit notre orthographe et notre langue se former en partie. On mutiloit le mot latin avant de le rendre français, ou on donnoit au mot celte la terminaison latine ; *existimare* devint *estimare* ; on eut *pensare* pour *putare* ; *granditer* pour *valdè* ; *menare* pour *conducere* ; *flasco* pour *lagena ; arpennis* pour *juger ; beccus* pour *rostrum*, &c. On croit entendre le Malade imaginaire. De là viennent dans les familles des mots, ces irrégularités qui défigurent notre langue : nous sommes infideles et fideles tour-à-tour à l'étymologie. Nous disons *penser, pensée, penseur,* et tout-à-coup *putatif, supputer, imputer, &c.* Des mots étroitement unis par l'analogie, sont séparés par l'étymologie et réclament des peres différens, comme *main* et *tact, œil* et *vue, nez, sentir, odorat, &c.*

Mais, pour revenir à notre orthographe, on lui connoît trois inconvéniens ; d'employer d'abord trop de lettres pour écrire un mot, ce qui embarrasse sa marche ; ensuite d'en employer qu'on pourroit remplacer par d'autres, ce qui lui donne du vague ; et enfin, d'avoir des caracteres dont elle n'a pas le prononcé, et des prononcés dont elle n'a pas les caracteres. C'est par respect, dit-on, pour l'étymologie, qu'on écrit *philosophie* et non

filosofie

filosofie. Mais, ou le lecteur sait le grec, ou il ne le sait pas; s'il l'ignore, cette orthographe lui semble bisarre et rien de plus: s'il connoît cette langue, il n'a pas besoin qu'on lui rappelle ce qu'il sait. Les Italiens, qui ont renoncé dès long-tems à notre méthode, et qui écrivent comme ils prononcent, n'en savent pas moins le grec; et nous ne l'ignorons pas moins, malgré notre fidelle routine. Mais on a tant dit que les langues sont pour l'oreille! Un abus est bien fort, quand on a si long-tems raison contre lui. J'observerai cependant que les livres sont si fort multipliés, que les langues sont autant pour les yeux que pour l'oreille: la réforme est presqu'impossible. Nous sommes accoutumés à telle orthographe: elle a servi à fixer les mots dans notre mémoire; sa bisarrerie fait souvent toute la physionomie d'une expression, et prévient dans la langue écrite les fréquentes équivoques de la langue parlée. Aussi, dès qu'on prononce un mot nouveau pour nous, naturellement nous demandons son orthographe, afin de l'associer aussi-tôt à sa prononciation. On ne croit pas savoir le nom d'un homme, si on ne l'a vu par écrit. Je devrois dire encore que les peuples du nord et nous, avons altéré jusqu'à l'alphabet des Grecs et des Romains ; que nous avons prononcé l'*e* en *a*, comme dans *prudent* ; l'*i* en *e*, comme dans *invincible*, &c., que les Anglais sont là-dessus plus irréguliers que nous : mais qui est-ce qui ignore ces choses ? Il faut observer seulement qu'outre l'universalité des langues, il y en a une de caracteres. Du tems de Pline, tous les peuples connus se servoient des caracteres Grecs; aujourd'hui l'alphabet romain s'applique à toutes les langues.

PAGE 47. *Leur Langue étoit plus près d'une certaine perfection, &c.*

Voici des vers de Thibaut, comte de Champagne.

Ni empereur ni roi n'ont nul pouvoir
Au prix d'amour ; de ce m'ose vanter :
Ils peuvent bien donner de leur avoir,

Terres et fiefs, et fourbes pardonner:
Mais amour peut homme de mort garder,
Et donner joye qui dure.
&c. &c. &c.

Et ceux-ci, qui sont de l'an 1226,

Chacun pleure sa terre et son pays,
Quand il se part de ses joyeux amis;
Mais il n'est nul congé, quoiqu'on en die,
Si douloureux que d'ami et d'amie

On croit d'entendre Voiture ou Chapelle. Comparez maintenant ces vers de Ronsard, qui peint la fabrique d'un vaisseau.

Fait d'un art maistrier,
Au ventre creux et d'artifice prompt,
D'un bec de fer leur aiguise le front.
&c. &c. &c.

Ou ceux-ci, dans lesquels le grec échappe tout pur:

Ah! que je suis marri que la muse françoise
Ne peut dire ces mots ainsi que la grégeoise:
Ocymore, dispotme, oligochronien:
Certes je le dirois du sang Valésien.

Et ceux d'un de ses contemporains sur l'alouette :

Guindée par zéphire,
Sublime en l'air vire et revire,
Et y déclique un joli cri,
Qui rit, guerit et tire l'ire
Des esprits, mieux que je n'écris.

Ces poètes, séduits par le plaisir que donne la difficulté vaincue, voulurent l'augmenter encore, afin d'accroître leur plaisir ; et de-là vinrent les vers monorimes et monosyllabiques ; les échos, les rondeaux et les sonnets, que Boileau a eu le malheur de tant louer. Tout leur art poétique roula sur cette multitude de petits poëmes, qui n'avoient de recommandable que les bisarres difficultés dont ils étoient hérissés, et qui sont presque tous inintelligibles.

PAGE 54. *Tronquerent ces finales qui leur étoient inutiles.*

Les Italiens, les Français et les Espagnols ayant adopté les verbes auxiliaires de l'ancien celte, les heureux composés du grec et du latin leur semblerent des hiéroglyphes trop hardis; ils aimereut mieux ramper à l'aide du verbe auxiliaire et du participe passé, et dire, *j'aurais aimé*, qu'*amavissem*. Cette timidité des peuples modernes explique aussi la nécessité des articles et des pronoms. On sait que la distinction des cas, des genres et des nombres, chez les Grecs et les Latins, se trouve dans la variété de leurs finales. Mais pour l'Europe moderne, cette différence réside dans les signes qui précédent les verbes et les noms, et les finales sont toujours uniformes. En y réfléchissant, on voit que les lettres et les mots sont des puissances connues avec lesquelles on arrive sans cesse à l'inconnu, qui est la phrase ou la pensée : et d'après cette idée algébrique, on peut dire que les articles et les pronoms sont des exposans placés devant les mots pour annoncer leurs puissances. L'article *le*, par exemple, dit d'avance qu'on va parler d'un objet qui sera du genre masculin et du nombre singulier. Ainsi l'article devant le nom est une espèce de pronom, et le pronom devant le verbe est encore une sorte d'article. On voit par ce peu de mots, que nous manquons de grammaire, et que ceux qui ont entrepris d'en faire, se sont promenés dans la langue française, avec la robe grecque ou latine.

En effet, un bon esprit ne peut voir, sans quelque pitié, le début de tous nos grammairiens. *Il y a*, disent-ils, *huit parties d'oraison, le verbe, l'interjection, le participe, les substantifs, les adjectifs*, &c. Quand on a l'honneur d'être Français, on ne sait trop ce que signifie cette définition barbare. On voit seulement qu'ils ont voulu compter et classer tous les mots qui entrent dans une phrase, et sans lesquels il n'y auroit pas de discours. Mais sans se perdre dans ces distinctions de l'école, ne seroit-il pas plus simple de dire que tous les mots sont des noms, puisqu'ils servent toujours à nommer quelque chose?

L'homme donna des noms aux objets qui le frappoient; il nomma aussi les qualités dont ces objets étoient doués: voilà deux espèces de noms, *le substantif* et *l'adjectif*, si on veut les appeller ainsi. Mais pour créer le *verbe*, il fallut revenir sur l'impression que l'objet ou ses qualités avoient faite en nous : il fallut réfléchir et comparer ; et sur le premier jugement que l'homme porta, naquit le verbe ; c'est le mot par excellence. C'est un lien universel et commun qui réunit dans nos idées les choses qui existent séparément hors de nous ; c'est une perpétuelle affirmation pour le *oui* ou pour le *non* : il rapproche les diverses images qu'offre la nature, et en compose le tableau général ; sans lui point de langue : il est toujours exprimé ou sous-entendu. *EST*, verbe unique dans toutes les langues, parce qu'il représente une opération unique de l'esprit ; verbe simple et primitif, parce que tous les autres ne sont que des déguisemens de celui-là. Il se modifie pour se plier aux différens besoins de l'homme, suivant les tems, les personnes et les circonstances. *Je suis*, c'est-à-dire, *moi est* : *être* est une prolongation indéfinie du mot *est* : *j'aime*, c'est-à-dire, *Je suis aimant*, &c. Voilà une clé générale avec laquelle on trouve la solution de toutes les difficultés qu'offrent les verbes.

PAGE 54. *Sa littérature ne vaut pas un coup-d'œil.*

Je ne parle point du chancelier Bacon et de tous les personnages illustres qui ont écrit en latin ; ils ont travaillé à l'avancement des sciences, et non au progrès de leur propre langue.

PAGE 56. *Le scandale de notre littérature.*

Comme le théatre donne un grand éclat à une nation, les Anglais se sont ravisés sur leur Shakespéare, et ont voulu, non-seulement l'opposer, mais le mettre encore fort au-dessus de notre Corneille : honteux d'avoir jusqu'ici ignoré leur propre richesse. Cette opinion est d'abord tombée en France, comme une hérésie en plein concile : mais il s'y est trouvé des esprits chagrins et anglomans, qui ont pris la chose avec enthousiasme. Ils regardent en pitié ceux que Shakespéare ne rend pas complettement heureux, et demandent toujours qu'on les enferme avec ce grand-homme. Partie mal saine de notre littérature, qui, lasse de reposer sa vue sur les belles proportions, ne cherche plus que des monstres. Essayons de rendre à Shakespéare sa véritable place.

On convient d'abord que ses tragédies ne sont que des romans dialogués, écrits d'un style obscur et mêlé de tous les tons; qu'ils ne seront jamais des monumens de la langue anglaise, que pour les Anglais même : car les étrangers voudront toujours que les monumens d'une langue en soient aussi les modeles, et ils les choisiront dans les meilleurs siécles. Les poëmes de Plaute et d'Ennius étoient des monumens pour les Romains et pour Virgile lui-même; aujourd'hui nous ne reconnoissons que l'Énéide. Shakespéare pouvant à peine se soutenir à la lecture, n'a pu supporter la traduction, et l'Europe n'en a jamais joui : c'est un fruit qu'il faut goûter sur le sol où il croît. Un étranger qui n'apprend l'Anglais que dans Pope et Adisson, n'entend pas Shakespéare, à l'exception de quelque Scènes admirables que tout le monde sait par cœur. Il ne faut pas plus imiter Shakespéare que le traduire : celui qui auroit son génie, demanderoit aujourd'hui le style et le grand sens d'Adisson. Car si le langage de Shakespéare est presque toujours vicieux, le fond de ses pieces l'est bien davantage : c'est un délire perpétuel; mais c'est souvent le délire du génie. Veut-on avoir une idée juste de Shakespéare ? Qu'on prenne les Horaces de Corneille, qu'on mêle parmi les grands acteurs de cette tragédie quelques cordonniers disant des quolibets, quelques poissardes chantant des couplets, quelques paysans parlant le patois de leur province, et faisant des contes de sorciers; qu'on ôte l'unité de lieu, de tems et d'action; mais qu'on laisse subsister les scènes sublimes, et on aura la plus belle tragédie de Shakespéare. Il est grand comme la nature et inégal comme elle, disent ses enthousiastes. Ce vieux sophisme mérite à peine une réponse.

L'art n'est jamais grand comme la nature, et puisqu'il ne peut tout embrasser comme elle, il est contraint de faire un choix. Tous les hommes aussi sont dans la nature, et pourtant on choisit parmi eux, et dans leur vie on fait encore choix des actions. Quoi! parce que Caton prêt à se donner la mort, châtie l'esclave qui lui refuse un poignard, vous me représentez ce grand personnage donnant des coups de poing? Vous me montrez Marc-Antoine ivre et goguenardant avec des gens de la lie du peuple? Est-ce par-là qu'ils ont mérité les regards de la postérité? Vous voulez donc que l'action théatrale ne soit qu'une doublure insipide de la vie? Ne sait-on pas que les hommes en s'enfonçant dans l'obscurité des tems, perdent une foule de details qui les déparent et acquierent par les loix de la perspective une grandeur et une beauté d'illusion qu'ils n'auroient pas, s'ils étoient trop près de nous? La vérité est que Shakespéare s'étant quelquefois transporté dans cette région du beau idéal, n'a jamais pu s'y maintenir. Mais, dira-t-on, d'où vient l'enthousiasme de l'Angleterre pour lui ? De ses beautés et de ses défauts. Le génie de Shakespéare est comme la majesté du peuple anglais : on l'aime inégal et sans frein : il en paroît plus libre. Son style bas et populaire en participe mieux de la souveraineté nationale. Ses beautés désordonnées causent des émotions plus vives, et le peuple s'intéresse à une tragedie de Shakespéare, comme à un événement qui se passeroit dans les rues. Les plaisirs purs que donnent la décence, la raison, l'ordre et la perfection, ne sont faits que pour les ames délicates et exercées. On peut dire que Shakespéare, s'il étoit moins monstrueux, ne charmeroit pas tant le peuple, et n'étonneroit pas tant les connoisseurs, s'il n'étoit pas quelquefois si grand. Cet homme extraordinaire a deux sortes d'ennemis, ses détracteurs et ses enthousiastes ; les uns ont la vue trop courte pour le reconnoître quand il est sublime; les autres l'ont trop fascinée pour le voir jamais autre. *Nec rude quid prosit video ingenium.* Hor.

PAGE 67. *La Langue Latine étant la vieille souche.*

On sait bien que le celte présente les radicaux d'une foule d'expressions dans toutes les langues de l'Europe à peu près, sans en excepter la grecque et la latine. Mais on suit ici les idées reçues, sur le latin et l'allemand ; et on les considere comme des langues meres qui ont leurs racines à part.

PAGE 69. *C'est avec une ou deux sensations que quelques Anglais ont fait un livre.*

Comme Yong, avec la nuit et le silence.

PAGE 72. *Les sensations nomment le premier l'objet qui frappe le premier.*

Tout le monde a sous les yeux des exemples fréquens de cette différence. *Monsieur, prenez garde à un serpent qui s'approche*, vous crie un Français; et le serpent est à vous avant qu'il soit nommé. Un Latin vous eût crié, *serpentem fuge*; et vous auriez fui au premier mot, sans attendre la fin de la phrase. En suivant Racine et Lafontaine de près, on s'apperçoit que sans jamais blesser le génie de la langue, ils ont toujours nommé le premier l'objet qui frappe le premier, comme les peintres placent sur la premiere terrasse le principal personnage du tableau.

PAGE 75. *Leurs métaphores ont toujours un degré de plus que les nôtres.*

Virgile dit, par exemple : *Capulo tenus abdidit ensem*, il cacha son épée dans le sein de Priam ; et nous disons, *il l'enfonça* ; or il y a un degré entre *enfoncer* et *cacher*, et nous nous arrêtons au premier.

PAGE 78. *L'oreille (ce qu'il y a de plus capricieux dans l'homme, &c.*

L'harmonie imitative dans le langage, acheve et perfectionne la description d'un objet ; parce qu'elle peint aux yeux, à l'oreille, à tous les sens. Elle est dans le nom même de la chose, ou dans le verbe qui exprime l'action. Quand le nom et le verbe n'ont pas d'harmonie qui imite, on ne parvient à la créer que par le choix des épithètes et la coupe des phrases. Le nom qu'on appelle *Substantif* doit avoir son harmonie, quand l'objet qu'il exprime a toujours une même maniere d'être : ainsi *tonnerre, grêle, tourbillon*, sont des mots chargés d'*r*, parce qu'il ne peuvent exister, sans produire une sensation bruyante. L'*eau*, par exemple, est indifférente à tel ou tel état; aussi, sans aucune sorte d'harmonie par elle-même, elle en acquiert au besoin par le concours des épithètes et des verbes : *l'eau turbulente frémit, l'eau paisible coule*. Il y a dans notre langue beaucoup de mots sans harmonie, ce qui la rend peu traitable pour la poésie, qui voudroit réunir tous les genres de peinture. Il y a des mots d'une harmonie fausse, comme *lentement*, qui devroit se traîner, et qui est bref; aussi les poètes préferent *à pas lents*. Les Latins ont *festino*, qui devroit courir, et qui se traîne sur trois longues. On a fait dans notre langue, plus que dans aucune autre, des sacrifices à l'harmonie : on a dit *mon ame* pour *ma ame*; *de cruelles gens*, *de bonnes gens*, pour ne pas dire *de cruels gens*, *de bons gens*. Par exemple, la beauté harmonique du participe *béant*, *béante*, l'a conservé, quoique le verbe *béer* soit tombé. Le verbe *ouir* qui s'affilioit si bien au sens de *l'ouie*, aux mots *d'oreille*, *d'auditeur*, *d'audience*, ne nous a laissé que son participe *oui*, qui sert d'affirmation : pour tout le reste nous employons le verbe *entendre*, qui vient *d'entendement*, &c. Enfin dans les constructions singulieres et les ellipses qu'on s'est permises, on a toujours eu pour but d'adoucir le langage ou de le rendre précis; il n'y a que la clarté qu'on ne peut jamais sacrifier.

Les enfans, avant de connoître la signification des mots, leur trouvent à chacun une variété de physionomie qui les frappe et qui aide bien la mémoire. Cependant à mesure que leur esprit plus formé sent mieux la valeur des mots, cette distinction de physionomie s'efface; ils se familiarisent avec les sons, et ne s'occupent guères que du sens. Tel est le commun des hommes. Mais l'homme né poëte revient sur ces premieres sensations dès que le talent se développe : il fait une seconde digestion des mots ; il en recherche les premieres saveurs, et c'est des effets sentis de leur diverse harmonie qu'il compose son dictionnaire poétique.

PAGE 86 *La multitude des Langues est fatale au génie.*

Il faut apprendre une langue étrangere, pour connoître sa littérature, et non pour la parler ou l'écrire. Celui qui sait bien sa propre langue, est en état d'écrire ou du moins de distinguer dix à douze styles différens ; ce qu'il ne peut se promettre dans une autre langue. Il faut au contraire se résoudre, quand on parle une langue étrangere, à être sans finesse, sans grace, et souvent sans justesse.

On peut diviser la nation française en deux classes, par rapport à leur langue ; la premiere est de ceux qui connoissent les sources d'où elle a tiré ses richesses : l'autre est de ceux qui ne savent que le français. Les uns et les autres ne voyent pas la langue du même œil, et n'ont pas en fait de style les mêmes données.

PAGE 90. *Il n'est point d'Art ou de Profession.*

La religion chrétienne qui ne s'est pas, comme celle des Grecs, intimément liée au gouvernement et aux institutions publiques, n'a pu annoblir, comme elle, une foule d'expressions. Ce sera toujours-là une des grandes causes de notre disette. L'opera n'étant point une solemnité, ses dieux ne sont pas ceux du peuple ; et si nous voulons un ciel poétique, il faut l'emprunter. Nos ancêtres, avec leurs mysteres, commençoient bien comme les Grecs ; mais nos magistrats qui n'étoient pas prêtres, ne firent pas assez respecter cette poésie sacrée, et elle fut étouffée en germe par le ridicule.

La religion, loin de fournir au dictionnaire des beaux-arts, avait même évoqué à elle certaines expressions, et nous en avait à jamais privés. On n'aurait pas osé dire sous Louis XIV, *la grace du langage*; mais on disoit *les graces du langage*, par allusion aux trois graces. Aujourd'hui, par je ne sais qu'elle révolution arrivée dans les esprits, notre littérature a reconquis cette expression. Mais l'établissement des moines a rendu l'Énéïde intraduisible : comment en effet traduire *Pater Eneas*? Il se passera bien des siecles, avant que ce mot ait repris sa dignité.

PAGE 98. *Raynal donnoit enfin aux deux Mondes.*

En louant cette grande histoire, la plus importante qu'on ait encore écrite, je n'ai pas prétendu défendre les déclamations trop fréquentes qui la déparent, et qui ont été rejettées par le goût, avant de l'être par l'église et les parlements.

PAGE 100. *Dans le monde physique.*

Sans doute que les découvertes physiques ne font rien à la langue d'un peuple et à sa littérature, mais elles augmentent son éclat et sa gloire, et lui attirent les regards de l'Europe. Tous les arts et tous les genres de réputation entrent dans l'objet de ce discours: si un Français eût inventé la poudre ou l'imprimerie, on en eut fait mention ici.

Idem. *L'airain vient de parler.*

Ce sont deux têtes d'airain qui parlent, et qui prononcent nettement des phrases entieres. Elles sont colossales, et leur voix est sur-humaine. Ce bel ouvrage, exécuté par M. l'abbé Mical, a résolu un grand problême. Il s'agissoit de savoir, si la parole pouvoit quitter le siége vivant que lui assigna la nature, pour venir s'attacher à la matiere morte?

Il y a aussi loin d'une roue et d'un levier à une tête qui parle, que d'un trait de plume au tableau de la transfiguration: car il faut convenir que depuis la poésie jusqu'à la mécanique, *le complément de tout art, c'est l'homme.* Vaucanson s'est arrêté aux animaux, dont il a rendu les mouvemens et contrefait les digestions. Mais M. Mical, voulant tenter avec la nature une lutte jusqu'à nos jours impossible, s'est élevé jusqu'à l'homme, et a choisi dans lui l'organe le plus brillant et le plus compliqué ; je veux dire l'organe de la parole.

En suivant donc la nature pas à pas, ce grand Artiste s'est apperçu que l'organe vocal étoit dans la glotte un instrument à vent, qui avoit son clavier dans la bouche ; qu'en soufflant du dehors au-dedans, comme dans une flûte, on n'obtenoit que des sons filés ; mais que pour articuler des mots, il falloit souffler du dedans au-dehors. En effet, l'air en sortant de nos poumons, se change en son dans notre gosier, et ce son est morcelé en syllabes par les lèvres, et par un muscle très-mobile, qui est la langue aidée des dents et du palais. Un *son* continu n'exprimeroit qu'une seule affection de l'ame, et se rendroit par une seule voyelle ;

mais coupé à différens intervalles par la langue et les lèvres, il se charge d'une consonne à chaque coup; et se modifiant en une infinité de *tons*, il rend la variété de nos idées.

Sur ce principe, M. Mical applique deux claviers à ses *Têtes-parlantes*: l'un en cylindre, par lequel on n'obtient qu'un nombre déterminé de phrases; mais sur lequel les intervalles des mots et leur prosodie sont marqués correctement. L'autre clavier contient, dans l'étendue d'un ravalement, tous les *sons* et tous les *tons* de la langue française, réduits à un petit nombre par une méthode ingénieuse et particuliere à l'Auteur. Avec un peu d'habitude et d'habileté, on parlera avec les doigts, comme avec la langue; et on pourra donner au langage des têtes, la rapidité, le repos et toute la physionomie enfin que peut avoir une langue qui n'est point animée par les passions. Les Étrangers prendront la Henriade ou le Télémaque, et les feront réciter d'un bout à l'autre, en les plaçant sur le clavecin vocal, comme on place des partitions d'opéra sur les clavecins ordinaires.

Quand les Têtes-parlantes ne seroient qu'un objet de curiosité, elles obtiendroient certainement la premiere place en mécanique : mais elles ont en outre une utilité d'un genre si extraordinaire et si près de nous en même tems, que vous allez en être frappé comme moi.

L'histoire des langues anciennes n'est pas complette, parce que nous n'avons jamais que la langue écrite, et que la langue parlée est toujours perdue pour nous : voilà pourquoi nous les appellons *Langues mortes*. En effet, le grec et le latin ne nous offrent que des signes morts, auxquels on ne pourroit redonner la vie, qu'en y attachant la prononciation qui les animoit autrefois; ce qui est impossible, puisqu'il faudroit deviner les différentes valeurs que ces peuples donnoient à leurs lettres et à leurs syllabes.

Si donc l'antiquité eût construit des têtes d'airain, et qu'on nous les eût conservées, nous n'aurions pas cette incertitude, et nous serions encore charmés des périodes de Cicéron et des beaux vers de Virgile, que les peuples d'Europe estropient chacun à leur maniere.

Et, pour revenir à nous, on sait jusqu'à quel point la prononciation d'une langue influe sur la fortune qu'elle fait dans le monde. La nôtre s'est prodigieusement adoucie depuis François I ; et nous n'entendrions plus, sans frémir, les dures articulations de nos ayeux. Maintenant, par une heureuse analogie avec le climat et le caractere du peuple qui la parle, elle tient le milieu entre les langues du Nord et celles du Midi. Moins de mollesse que les unes, plus de douceur que les autres ; voilà son partage. Aussi les Étrangers, qui lui trouvent, je ne sais quel air plus raisonnable, plus social, et mieux accommodé à la constitution humaine, lui font le même honneur qu'à nos vins de Bourgogne, et la mettent à tous les jours.

Il n'y a, j'ose le dire, que les *Têtes-parlantes* qui puissent conserver cette universalité à la langue française, et la rassurer contre l'instabilité des choses humaines. Ces têtes, si on les multiplie dans l'Europe, vont devenir l'effroi de de cette multitude de maîtres de langue, Suisses et Gascons, dont tous les pays sont infectés, et qui dénaturent notre langue chez les peuples qui l'aiment.

Nous, enfin, qui sommes là postérité des peuples passés, ne serions-nous pas charmés d'entendre le français tel qu'on le parloit à la Cour d'Henri IV seulement! Les livres qu'ont laissé nos peres, et ceux que nous faisons, nous avertissent par comparaison de la décadence du goût : ainsi les *Têtes-parlantes* avertiront nos enfans des changemens de la prononciation, en leur fournissant un objet de comparaison que nous n'avons pas.

Voilà donc un ouvrage dont la France peut s'honorer, après lequel tous les grands Artistes ont soupiré, et que tous les Charlatans ont annoncé de siécle en siécle : mais tantôt c'étoit un homme caché dans le corps de la statue qui parloit, tantôt de longs tuyaux qui portoient une voix dont la statue n'étoit que complice : toujours l'artifice et le mensonge à la place du génie et de l'art ; la parole n'étoit encore sortie que d'une bouche animée.

On peut dire que si les Allemands ont inventé l'imprimerie des caracteres, un Français a trouvé celle des sons; et que, de même que le coup-d'œil de l'homme sur les mots, tout fugitif qu'il est, se trouve à jamais arrêté par l'impression; la prononciation de la parole, non moins fugitive pour l'oreille, se trouve éternellement fixée par les têtes d'airain. Elles animeront nos bibliotheques; et c'est par les livres et par elles que sera confirmée, contre tous les efforts du tems, l'irrévocable alliance de la peinture et de la musique dans le langage.

FIN.

JUGEMENT

PORTÉ A L'ACADÉMIE DE BERLIN

SUR CE DISCOURS.

» L'Auteur n'obtiendra les suffrages du Public, » comme il a déja obtenu ceux de l'Académie, que » lorsque son mémoire sera lu et médité dans le si- » lence des préjugés nationaux. Le plan qu'il s'est » tracé est juste et bien ordonné ; et il ne s'en écarte » jamais. Son style est brillant; il a de la chaleur, de » la rapidité et de la mollesse. Ses pensées sont aussi » profondes que philosophiques; et tous ses tableaux, » où l'on admire souvent l'énergique pinceau de Ta- » cite, intéressent par le coloris, par la variété, et » j'ose le dire encore, par la nouveauté. Cet écrivain » a, dans un degré supérieur, l'art d'attacher, d'en- » trainer ses lecteurs par ses raisonnemens et son élo- » quence. On lui trouve toujours un goût épuré, et » formé par l'étude des grands modèles. Ses principes » ne sont point arbitraires ; ils sont puisés dans le » bon-sens et dans la nature ; et l'on voit bien qu'il » s'est nourri de la lecture des maîtres fameux de l'an- » tiquité. En un mot, il est peu d'ouvrages académi-

» ques qu'on puisse comparer au sien, soit pour le » fond des choses, soit pour le style ; et je ne doute » pas que le jugement qu'en a porté l'Académie, ne » soit enfin confirmé par celui du Public impartial ».

Signé, BORELLI, *de l'Académie de Berlin.*

NOTE DE L'ÉDITEUR.

Ce Jugement, répété dans tous les papiers publics, est devenu celui des gens de lettres et des gens du monde réunis ; car il est peu d'ouvrages qui aient été plus universellement lus que celui-ci. Nous aurions pu rapporter les lettres de plusieurs Souverains, et sur-tout celle du Roi de Prusse à l'Auteur du Discours, si on nous les avoit confiées.

www.ingramcontent.com/pod-product-compliance
Ingram Content Group UK Ltd.
Pitfield, Milton Keynes, MK11 3LW, UK
UKHW020337230726
13925UKWH00002B/838